文博滙粹

印象『南海Ⅰ号』

广东海上丝绸之路博物馆 编著

華南理工大學出版社
SOUTH CHINA UNIVERSITY OF TECHNOLOGY PRESS
·广州·

图书在版编目（CIP）数据

文博汇粹 / 广东海上丝绸之路博物馆编著．—广州：华南理工大学出版社，2020.2

ISBN 978-7-5623-6267-8

Ⅰ．①文…　Ⅱ．①广…　Ⅲ．①博物馆事业 – 广东 – 文集　Ⅳ．① G269.276.5-53

中国版本图书馆 CIP 数据核字（2020）第 028017 号

Wenbo Huicui

文博汇粹

广东海上丝绸之路博物馆　编著

出 版 人： 卢家明

出版发行： 华南理工大学出版社

（广州五山华南理工大学 17 号楼，邮编 510640）

http://www.scutpress.com.cn　E-mail：scutc13@scut.edu.cn

营销部电话：020-87113487　87111048（传真）

策划编辑： 吴翠微

责任编辑： 陈　蓉

责任校对： 梁樱雯

印 刷 者： 广州市新怡印务有限公司

开　　本： 787mm × 1092mm　1/16　**印张：** 13.5　**字数：** 200 千

版　　次： 2020 年 2 月第 1 版　2020 年 2 月第 1 次印刷

定　　价： 85.00 元

前言

2016年10月，国家文物局印发了《关于促进文物合理利用的若干意见》，并发出通知，要求各地区各部门结合实际认真贯彻落实。广东海上丝绸之路博物馆积极响应国家的意见建议，遵循文物合理利用的原则，利用博物馆的微信公众号等自媒体，立足“南海Ⅰ号”南宋古沉船进行博物馆建设，深入挖掘海上丝绸之路历史文化内涵，探索博物馆科学发展之路，传播历史文化。目前已经陆续推出数百篇专题文章，这些文章兼具科普价值和学术意义。

本书辑录广东海上丝绸之路博物馆微信公众号部分推送文章。全书共收录37篇文章，分为“讲解艺术”“公众服务”“智慧传播”“海丝文史”“海丝资讯”五个部分。其中，“讲解艺术”部分，主要介绍了博物馆讲解作为一门说话艺术，如何产生美感，让观众感受到讲解的艺术；“公众服务”部分，主要介绍了广东海上丝绸之路博物馆在展厅设施、社会教育、设备安全等方面体现的人性化、个性化的公众服务工作；“智慧传播”部分，主要介绍了广东海上丝绸之路博物馆开馆10余年来，新媒体技术在社会教育、藏品管理等方面的运用；“海丝文史”部分，主要介绍了“南海Ⅰ号”的发现、打捞、发掘、保护历程中展现的海上丝绸之路历史和文化；“海丝资讯”部分，主要介绍了广东海上丝绸之路博物馆在馆际交流、宣传推广、教育培训等方面提高社会影响力的举措。

全书海丝文化特色浓厚，图文并茂，有效地发挥文物的公共文化服务和社会教育功能，对于传承和弘扬中华优秀文化有着积极的意义。为展现广东海上丝绸之路博物馆的讲解业务、公众服务，传承海上丝绸之路历史等海丝文化，帮助外界了解广东海上丝绸之路博物馆提供了一个有效平台。广东海上丝绸之路博物馆将继续通过扩大文物资源的社会开放度，促进馆际交流，提高藏品利用率，提升文物展示水平，落实文化创意产品开发政策，带动相关社会力量参与等措施，切实让文物“活起来”。

编著者

2020年1月

目录

智慧传播

海丝文史

海丝资讯

文博汇粹

南海Ⅰ号，海上丝绸之路文化瑰宝

曾超群（广东海上丝绸之路博物馆馆长）

“丝绸之路的历史就是一部浓缩的世界史，丝绸之路就是人类文明最耀眼的舞台。它不仅塑造了人类的过去，更将主宰人类的未来。”这是英国著名历史学家彼得·弗兰科潘写在他的著作《丝绸之路：一部全新的世界史》封底上的话，一语道出了丝绸之路的重要性。“南海Ⅰ号”古沉船便是海上丝绸之路的重要文化瑰宝。

“南海Ⅰ号”，“船”说海丝文明的博物馆

“南海Ⅰ号”是一艘于1987年在广东省川山群岛阳江海域附近被偶然发现的满载各类货物的南宋沉船，残长22.15米、宽9.35米，是迄今为止我国发现的年代较早、体量巨大、保存较完整的古代沉船。

广东海上丝绸之路博物馆（又名“南海Ⅰ号”博物馆，以下简称“广东海丝馆”），是以宋代古沉船“南海Ⅰ号”的发掘、保护、展示与研究为主题，展现水下考古现场发掘动态演示过程的世界首个水下考古专题博物馆，是国内首家将宋代沉船水下考古现场的发掘向观众开放、高起点打造的动态博物馆，是广东省建设文化大省的重点文化项目之一，被评为国家二级博物馆、国家AAAAA级景区。2007年12月23日，“南海Ⅰ号”被整体打捞出水，2007年12月28日顺利进馆。馆内的基本陈列“丝路船

说——‘南海Ⅰ号’的前世今生”的面积达12 000多平方米，展线长1500多米，展出文物超过2000件。展览紧紧围绕“南海Ⅰ号”主题，展现其被偶然发现、水下发掘探摸、整体打捞出水、科学保护发掘等历程，分扬帆、沉没、探秘、出水、价值、遗珍、成果七个展区。基本陈列主要展出“南海Ⅰ号”内数十种珍贵文物，包括充满异域风情的黄金饰品、朴素典雅的中国陶瓷、极其罕见的宋代漆器等。展区内的水晶宫向公众开放“南海Ⅰ号”发掘现场，观众可近距离地观看考古工作者发掘“南海Ⅰ号”的全过程；通过展厅内声光电多媒体场景、VR、AR及多维数码展示技术等手段，让观众体验“南海Ⅰ号”扬帆远航、搏击风浪和货通万国的浪漫故事，感受古代海上丝绸之路恢宏灿烂的历史。“南海Ⅰ号”博物馆现被业界誉为世界三大著名沉船博物馆之一，成为一个世界性的文化地标。从开馆至今，共接待国内外观众逾500万人次，为向社会公众传播海丝文化作出了积极贡献。

“南海Ⅰ号”，中国水下考古事业发展的里程碑

1987年被称为中国水下考古元年。这一年的3月，国家水下考古协调小组正式成立；8月，“南海Ⅰ号”在广东阳江海域附近被发现；11月，中国历史博物馆设立了国内第一个水下考古专业机构——水下考古学研究室，由俞伟超先生负责创建，并创办了中国第一份水下考古内部刊物——《水下考古通讯》。“南海Ⅰ号”的发现推动着我国水下考古工作的开展。1988年4月，在广州潜水学校开办了中国水下考古的第一个培训班——“全国首届水下考古SCUBA潜水培训班”，为“南海Ⅰ号”的发掘培养急需的人才。1989年9月，中国和澳大利亚合作举办了第一届中国水下考古专业人员培训班。1989年8月，中国历史博物馆和日本水中考古学研究所合作，成立中日联合南海沉船水下考古调查队；同年11月，中日开始联合勘察“南海Ⅰ号”沉船，这标志着我国水下考古的开端。“南海Ⅰ

号”是我国主动开展水下考古以来的第一个项目，30多年来，从沉船的发现、调查、整体打捞到整体发掘、整体保护，“南海Ⅰ号”以精彩纷呈的考古成果向世人展示了海上丝绸之路的历史风采。至2019年8月，考古学家从该船发掘清理的出土、出水器物超过18万件，包括陶瓷器、铜铁器、金银器、漆木器、钱币、朱砂、动植物残骸、植物果核、人类遗骸等各类文物，成为迄今为止我国最为重要的水下考古成果。“南海Ⅰ号”见证了中国水下考古从无到有、再到逐步发展壮大并跻身强国行列的历程，是我国水下考古水平的集中体现。

“南海Ⅰ号”，中国水下文化遗产保护的典范之作

“南海Ⅰ号”整体打捞、整体发掘、整体保护、整体展示的理念和实践是我国对世界水下文化遗产保护事业的独特贡献。“南海Ⅰ号”的整体打捞是我国水下考古工作理念与方法的一次创新。2009年，“‘南海Ⅰ号’整体打捞与水下文化遗产保护”项目获得第三届文化部创新奖。同年10月，“‘南海Ⅰ号’古沉船整体打捞及保护技术研究和实施”项目获得“中国航海学会科学技术奖”一等奖。整体打捞还拥有多项自主知识产权的发明专利和实用新型专利。“南海Ⅰ号”考古发掘和保护项目是世界上首次通过整体打捞的方式将沉船移入博物馆进行发掘、保护和展示，也是边发掘、边保护、边展示的水下文化遗产保护模式的新尝试。“南海Ⅰ号”出水文物的发掘和保护集中体现了我国利用科学技术进行文物保护的水平。“南海Ⅰ号”项目统筹考虑了考古发掘、出水文物保护、船体保存环境控制等因素，利用多种高科技手段，对沉船和文物进行及时的数字化信息采集，实现全面发掘工作的精确测量、数字化记录和信息化管理。“南海Ⅰ号”整体打捞和全面发掘是中国水下遗产保护的典范。

“南海Ⅰ号”，反映宋代繁盛海洋贸易的时间胶囊

“南海Ⅰ号”是一艘满载各类货物的南宋沉船，被淤泥牢牢地包裹着，所以它更是一颗800年前的“时间胶囊”。出土、出水的器物包括大宗精美陶瓷器、体量巨大的铜铁器、光彩夺目的金银器，还有漆木器、铅锡器、玻璃器、人类遗骸以及动植物残骸等多种类型文物。“南海Ⅰ号”蕴含着极为丰富的历史信息，提供了许多前所未见、史所未载的新材料，反映了我国宋代的社会生产、生活、文化艺术和先进的科学技术，为研究当时的航海技术以及对外贸易中的“来样加工”概念提供了难得的素材，对研究、复原海上丝绸之路历史有着重要的科学价值。这些精彩纷呈的文物蕴含的古代信息，向我们完整地展示了800年前具体而微的社会场景，为我们了解古人的海上活动提供了鲜活的标本，为研究海上丝绸之路的千年传承、我国与海上丝绸之路沿线国家商业与文化交流提供了坚实的论据；对展现我国宋代繁盛的海外贸易体系，研究我国乃至整个东亚、东南亚的古代造船史、陶瓷史、航运史、贸易史、东西方文化传播史等有着十分重要的意义；是当今世界上最集中展示海丝文化的载体，也是海上丝绸之路的重要标志。

“南海Ⅰ号”，推进海陵岛全域旅游发展的驱动器

自2005年广东海丝馆在海陵岛立项建设以来，海陵岛社会各方面的建设也取得了长足的进步，进岛游客翻了数番。在文旅融合的大背景下，2019年，阳江市委、市政府提出了在海陵岛打造世界级海丝文化产业带的设想，提出以“南海Ⅰ号”为核心，以建设广东省水下文化遗产保护中心为契机，加强规划，打造集出水文物考古、海丝文物保护、海丝文化研究、海丝风情展示、海丝文创展销、海丝文艺展演为一体，具有国际化视野的国家级全域旅游示范区，以打破海陵岛淡旺季明显、旅游产品类型单

一的状况。区域内目前拥有以“南海Ⅰ号”为核心的文化IP，有载入吉尼斯纪录的十里银滩和超过20平方千米自然山体的天麓湖公园。近期正在谋划打造一个主馆（即广东海上丝绸之路博物馆）、一个学术研究中心（即广东省水下文化遗产保护中心）、一个公园（即“南海Ⅰ号”公园）、一个活力秀、一个商业街区（即海上丝绸之路文化创意街）、一个旅游服务区（即旅游服务及交通集散区）。中期，计划打造水下遗产综合展示及科研中心、国际高端学术（海上丝绸之路文化）会议指定举办地、南中国海岛特色旅游目的地，从整体上打造海丝文化深度体验区。远期，将发挥“南海Ⅰ号”驱动器的作用，通过充分挖掘、整合周边生态景观资源，突出艺术天麓、文化银滩、探索蓝海三大特色游览体验，增强淡季旅游吸引力，提升游客的海陵岛文旅体验，以此带动海陵岛全域旅游的发展。

“南海Ⅰ号”，实施“一带一路”倡议的文化瑰宝

驼队和善意、宝船和友谊，造就了传承千年的陆海丝绸之路。新世纪，习近平总书记站在促进全球共同繁荣、打造人类命运共同体的战略高度，提出共建“丝绸之路经济带”和“21世纪海上丝绸之路”的伟大倡议，开辟了我国参与和引领全球开放合作的新境界。“一带一路”建设以政策沟通、设施联通、贸易畅通、资金融通和民心相通的“五通”合作为关键支撑，而民心相通是“五通”的基础。

经济建设，文化先行。和平合作、开放包容、互学互鉴、共建共享的丝路文化，是传承千年的中华优秀传统文化的重要组成部分，其历史渊源、发展脉络，深刻反映了中华文明与世界上其他文明在历史交流中的文化积攒，对今天“一带一路”建设有着深远的意义。

《国家文物事业发展“十三五”规划》曾提出“增进与‘一带一路’沿线国家及文化遗产国际组织的交流合作，建设‘一带一路’文化遗产长廊”的国家文化战略。因此，加强民心相通，不断搭建“一带一路”沿线

各国交流合作的桥梁，加强国际文化交流与合作，在国际社会中发出更多中国声音、注入更多中国元素，让“一带一路”建设更好地造福各国人民，是我们在新时代的使命和担当。早在1993年3—9月，“南海Ⅰ号”第一批出水的文物就利用中日联合举办的“中日南海沉船考古暨海上丝绸之路文物展”，在日本的大阪、名古屋、长岛等地巡回展出，获得了日本学术界的广泛关注和好评。近年来，伴随“南海Ⅰ号”保护发掘工作的不断开展，“南海Ⅰ号”博物馆积极推动以“南海Ⅰ号”为载体的对外文化交流。广东海丝馆和国家文物局水下文化遗产保护中心、英国国家海事博物馆、广东省文物考古研究所、广东省博物馆共同推动“南海Ⅰ号”文物赴英展出，力求将“南海Ⅰ号”打造成为中国水下文化遗产保护与研究国际合作的示范性项目。五方代表已于2017年5月31日正式签署了海上丝绸之路特展备忘录，该特展预计于2022年在英国国家海事博物馆首展，并将在三个国际（欧洲）场馆巡回展出“南海Ⅰ号”打捞出水的300多件文物，向西方观众展示南宋时代中国发展海上贸易的盛况，以及我国水下文化遗产考古和保护的成就。

我们相信，“南海Ⅰ号”一定能发挥其中华民族文化瑰宝的作用，在实施国家“一带一路”倡议的伟大构想中、在促进丝路沿线国家的民心相通中，谱写出更加绚丽的篇章，荣耀全球。

文博汇粹

讲解艺术

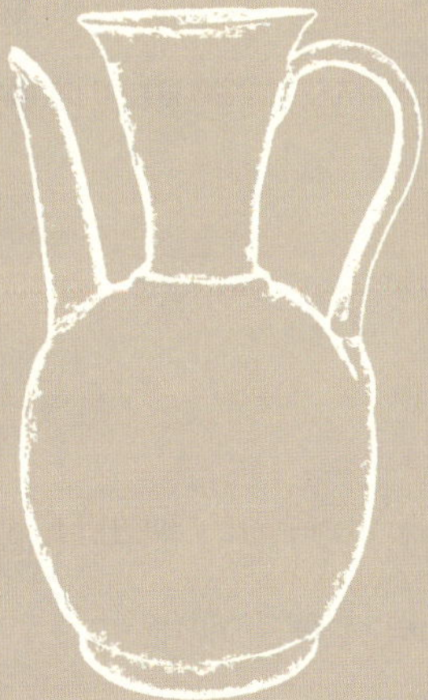

怎样做好博物馆讲解员

李 剑

“博物馆是一个为社会及其发展服务的、向公众开放的非营利性常设机构，为教育、研究、欣赏的目的征集、保护、研究、传播并展出人类及人类环境的物质及非物质遗产。”①其中以“教育”排在社会服务的首位，而讲解工作恰恰就是实现“教育”这个目的的重要环节之一，是博物馆辅助观众参观的重要手段。讲解可以帮助观众加深对展品的理解，掌握重点，增加参观兴趣，开阔视野。虽然现代科学技术广泛应用在博物馆的陈列展览中，但是口头讲解在因人制宜、区别对待的过程中与观众建立的感情交流是任何讲解工具所无法取代的，因此我们仍需要重视博物馆的讲解工作。

一、讲解工作中的服务意识

服务意识是指讲解员在与观众的交往中，主动为观众提供热情、周到的服务的欲望和意识。哲学认为，人的思想意识具有主观能动性，一切事情都是靠人的主观能动性作用来实现的。

讲解员是宣传教育第一线的文化工作者，直接为广大观众服务。作为

①摘自《国际博物馆协会章程（2007年版）》。

讲解员，首先要有强烈的服务意识、高度的事业心和责任感，树立全心全意为人民服务的思想，积极、热情、诚恳地为观众服务，这是一个合格讲解员的基本要求。其次，把满足观众的核心需求作为自己服务的中心任务，以观众的利益作为出发点和落脚点，会以“假如我是一位观众”进行换位思考，懂得微笑服务、细微服务、情感服务。[①]讲解员要熟悉观众，能够区别对待；熟悉陈列内容、展品和有关的专业知识；不断提高自己的文化素养，增强对观众需求的应变能力、语言表达能力，以文雅大方、和蔼可亲的态度，满腔热情地为观众服务。

二、讲解员的业务素质

1. 丰富的专业知识

讲解本身就是知识和语言的结合，为了使展品的知识准确有序地融于讲解当中，讲解员必须不断学习，充实自己、提升自己，需要查阅大量资料，并向专家请教。例如：广东海丝馆常设展览展厅陈列的木爪石碇，是在2007年“南海Ⅰ号”整体打捞前期清理凝结物时打捞出水的。由于受到海水长期浸泡，木爪大部分已经腐蚀，仅凭木爪的还原图及简短的文字说明，观众不易理解这件文物所包含的历史信息和研究价值，因此在讲解此件文物前，讲解员除了要掌握其形状、材质、长度、重量、出水时间等最基本的知识外，还要了解配备这种碇石的船舶形状、作用，碇石与木爪的结构关系，以及由此延伸的造船知识、船舶知识、航海技术等。只有熟练掌握这些专业知识，并巧妙地融会贯通于讲解内容中，才能取得良好的讲解效果。

①李剑．博物馆讲解之我见［J］．群文天地，2012（10）：23.

2. “因人施讲”的能力

讲解员所面对的观众，由于年龄、兴趣、需求和文化层次各不相同，他们的关注点也千差万别，所以讲解员要通过见面时的交流以及观察，及时调整讲解内容的详略、深浅和讲解的语调、姿态等，灵活地实施“因人施讲”。

（1）青少年。青少年参观一般是为了配合课堂教育，这就需要讲解员根据他们的特点及接受能力，在讲解时做到详略得当、突出重点，善于引导和提问，使他们参观过后能获得新知识，陶冶思想情操。

（2）中老年普通观众。中老年普通观众有一定的社会阅历和文化科学知识，实践经验丰富，分析和理解事物能力强，观察生活细致。参观时他们有自己独特的见解，感情、思维、心理活动一般都不外露。讲解员为他们讲解时，要热情大方，通俗易懂，简单明了。

（3）专家学者和领导。因专家学者往往有备而来，他们最重视与自己研究范围相关的展区展品，看得最仔细。给他们讲解前，讲解员最好先了解对方的业务范围或专业方向，以便心中有数，对他们的提问要实事求是作答。对于领导等重要来宾，他们一般都带着任务参观，主要需要导引服务。讲解员在讲解前可以事先了解他们的兴趣和需要，以介绍本馆为讲解重点。

3. 准确的语言表达

讲解是用语言向观众进行表达、解说，因此语言表达要准确。首先，博物馆的讲解主要是介绍展品及其时代背景、历史意义，还有博物馆的主要情况等，这些都是实实在在的，不能有半点虚假和含混，一定要用准确的语言去表达。其次，一名合格的讲解员不应一味地背诵讲解词，而应在学习博物馆展品知识的基础上，通过自己的理解和消化，灵活地运用生动形象的语言进行描述，力求语言风趣幽默，引人入胜，耐人寻味，但又不失真。讲解时，讲解员要运用通俗易懂的口语及标准的语言来表达，语速明快，语句简洁。

4. 优雅大方的仪态

讲解员站在观众面前，给观众留下的第一印象应是神采奕奕、落落大方的。其外表应该整洁、庄重，大方得体。讲解员适当化妆也是对观众的尊重，但妆容要浓淡相宜，体现出讲解员的个性、风度和气质。讲解员还要在观众面前保持良好的姿态，讲解时应自然大方，给观众以舒展的美感。讲解员除了要具有一般的接待服务人员应有的仪容仪表，还要具有优雅的身姿和手势，讲哪指哪，尽力做到词物结合。

三、善于整理观众的反馈意见

不少观众除了倾听讲解，还会对讲解工作提出意见和建议。一些观众提出的问题，往往是讲解员在研究某件文物时忽略的问题或展陈的不足之处。因此，讲解员为观众讲解的过程也是自身学习、改进、提高的过程。另外，讲解员通过观众提问的内容，能够了解其在参观过程中所关注的要点、感想，从而修正以后讲解时容易疏漏或遗忘之处。因此，讲解员应注重观众的反馈信息并加以整理，作为自身工作改进和提高的切入点。

参考文献

[1] 王宏钧. 中国博物馆学基础 [M]. 修订本. 上海：上海古籍出版社，2001.

[2] 李剑. 博物馆讲解之我见 [J]. 群文天地，2012（10）：23.

对观众讲好“南海 I 号”的故事

梁成座

博物馆是一个承担着社会教育、文化传播、思想启蒙等功能的历史文化载体，而博物馆的讲解工作则是以博物馆的陈列文物为基础，运用科学的语言和其他辅助的表达方式，将知识和信息传递给观众的一种社会教育活动。讲解员通过介绍陈列的展品，帮助观众把通过直观视觉初步获得的对文物的浅层认知串联起来，建立起整体的知识架构，以便观众更好地理解博物馆展览的陈列主题。讲解服务的质量和水平将直接影响着观众的参观体验。因此，讲好展览以及文物背后的故事尤为重要。

作为广东海丝馆的讲解员，如何才能对观众讲好“南海 I 号”的故事呢？接下来先介绍博物馆的一些概况，然后再对展览的内容进行一一阐述。

广东海丝馆是以宋代古沉船“南海 I 号”的发掘、保护、研究和展示为主题的水下考古专题博物馆，博物馆的展览主题为“丝路船说——‘南海 I 号’的前世今生”，总共分为扬帆、沉没、探秘、出水、价值、遗珍、成果七大展区。展陈文物主要是“南海 I 号”沉船船体以及从沉船中发掘出水的各种文物。展览内容涉及“南海 I 号”最新的发掘和研究成果，如南宋时期的贸易史、陶瓷史，中国水下考古事业的发展历程，海上丝绸之路的文化和历史，古代造船技术和航海技术，以及从文物当中延伸出来的关于对出水文物进行处理和修复的一些知识和成果。

扬帆展区

多媒体开船体验装置

1. 扬帆展区

本展区设置了大量的模拟场景，展区的左侧竖立起大型的风帆阵，右侧是模拟宋代古港口的场景。观众参观该展区时，讲解员首先会向观众解释风帆阵的深层寓意，帮助观众理解该展区的内容。观众通过古港口模拟场景所营造出的具体景象和氛围，可了解南宋时期海外贸易繁荣的时代背景。同时，讲解员向观众详细介绍展板上的内容，帮助观众加深对南宋海外贸易背景的了解。

2. 沉没展区

本展区设置了多媒体体验装置，并且在展板上列出了考古专家根据目前的发掘情况对“南海Ⅰ号”沉没原因提出的几种不同的推测。观众参观该展区时，讲解员会让观众通过多媒体装置体验亲自操舵在大海上航行的感觉，并且在体验过程中了解船只在大海航行途中可能会遇到的一些状况，由此引出专家关于“南海Ⅰ号”沉没所提出的四个推测。在这一部分的讲解当中，讲解员会结合沉船的发掘情况引导观众思考不同推测的可能性，提高观众往下参观的兴趣。

“南海 I 号”沉没之谜展板

3. 探秘展区

本展区是博物馆的核心展区——水晶宫，也是“南海 I 号”沉船的考古发掘和保护现场。水晶宫东侧设置了沉船所处海底的模拟场景以及以“南海 I 号”为原型的船型展柜。观众参观该展区时，讲解员会向观众阐述水晶宫的基本情况以及水晶宫对“南海 I 号”的保护意义和作用，详细介绍现场考古发掘和保护的情况，让观众不仅了解“南海 I 号”考古发掘的细节，还可以观看考古发掘的过程，直接感受“南海 I 号”的考古氛围。船型展柜以密集的展示手法陈列了从“南海 I 号”出水的各式陶瓷，讲解员介绍该部分时，会向观众阐述船型展柜的陈列思想，以及目前“南海 I 号”出水文物的基本情况，包括文物种类、数量和保存情况，文物背后所反映出的南宋时期的贸易史和陶瓷史，使观众可以从中领略到文物背后所蕴藏的考古信息。

4. 出水展区

本展区的展览内容包括“南海 I 号”沉没位置图、整体打捞前期出水的文物、水下考古工作的图片、世界首创的“整体打捞”技术，以及对其他国家沉船打捞技术的介绍。观众参观该展区时，讲解员会向观众介绍“南海Ⅰ号”背后的故事和“南海Ⅰ号”沉没位置的具体信息，其中包括地理位置和沉船海底的水文环境，进一步向观众阐述对“南海Ⅰ号”实施整体打捞的原因。讲解员结合展区内部展示出来的整体打捞前期出水的文物和水下考古的工作图片，向观众介绍与“南海Ⅰ号”沉船考古工作息息相关的中国水下考古事业的发展历程，进一步阐明“南海Ⅰ号”的发现对中国水下考古界的重要意义。另外，讲解员会向观众详细介绍世界首创的“整体打捞”技术，以及其他国家的沉船打捞技术，让观众了解整体打捞的先进性和难度。最后，通过沉浸式立体影院，让观众直观了解整体打捞的细节。

沉浸式立体影院

出水展区

5. 价值展区

本展区的展览内容包括古今丝绸之路路线图、“南海Ⅰ号”出水的碇石、古代造船技术和船只模型，以及古代航海工具模型。观众参观该展区时，讲解员会结合古今丝绸之路路线图，详细介绍中国古今陆上和海上丝绸之路两条路线的发展历史，让观众了解不同时期中国古今丝绸之路的具体路线和贸易范围。另外，结合“南海Ⅰ号”出水的碇石、展板内容和模型，向观众介绍中国古代的造船技术和航海技术，并阐述“南海Ⅰ号”作为海上丝绸之路的标志性发现对研究中国古代海上丝绸之路文化，以及古代造船技术和航海技术的重要意义和历史价值。

6. 遗珍展区

本展区内展出了大量从“南海Ⅰ号”出水的文物，不仅有来自不同窑口的瓷器，具有浓郁异域风格的金器，具有中国特色的漆器，半加工的铁

价值展区

出水文物——金器

出水文物——瓷器

器，朱砂以及其他的金属制品，还有船员的生活用品以及与贸易相关的货币和器具。观众参观该展区时，讲解员会对这批文物做详细介绍，阐述专家经研究得出的关于这批出水文物背后所反映出来的一些考古推测，让观众深入了解南宋时期的陶瓷史、贸易史，还有航海文化和手工制造业的技艺水平。

7. 成果展区

本展区主要包括两部分内容。第一部分位于水晶宫的正上方，这里设置了观景天窗和穹顶星空模拟场景，呈现一部通过声光电技术对“南海 I 号”的前世今生故事进行文艺创作的情景剧。观众参观该展区时，讲解员会向观众介绍该区域内模拟场景所代表的寓意，引导观众体会深层的陈列主旨。透过观景天窗，讲解员向观众介绍“南海 I 号”最新的发掘进度和成果，以及考古人员对“南海 I 号”文物保护所做出的一些技术创新。第二部分则是位于水晶宫二楼北面的出水文物保护与修复实验室，以及部分经过处理和修复的文物。观众参观这一部分时，讲解员主要向他们介绍与出水文物保护和修复相关的一些基本知识，以及自全面发掘“南海 I 号”

以来，博物馆的文保人员对出水文物所做的保护工作和修复成果。

以上是笔者对如何讲好“南海Ⅰ号”背后故事的个人感悟，希望广大观众来到广东海丝馆参观时能够在听讲解的过程当中了解“南海Ⅰ号”的展览创作架构，更好地理解博物馆展览背后所传递出的社会教育意义。

成果展区

讲解员与观众的互动方式
——以广东海上丝绸之路博物馆为例

许雅清

社会学研究表明，“互动是交往双方在互通信息，根据各自所提供的信息相互认识并不断调整行为方式的交往”。在博物馆宣传讲解过程中，讲解员与观众之间的信息传递是双向性的、反馈性的，彼此借助于语言（如语音、语调、语气）或非语言（如目光、表情、手势）进行信息沟通和交流。[①]好的互动能够激发讲解员的灵感，活跃现场的气氛，吸引观众倾听，使观众乘兴而来、满意而归。在讲解的过程中，讲解员应该如何调动观众的参与性，与自己一呼一应呢？笔者以广东海丝馆为例，谈谈讲解中与观众互动的几种方式。

一、抛出话题，引发议论

讲解员在讲解某个事件发生的故事背景时，可以事先抛出一个会让观众产生疑问的话题，例如，“南海Ⅰ号”沉没的原因存在五种可能性：或风浪，或战争，或触礁，或超载，或漏水。讲解员讲解时，可以向观众提出问题，例如，“各位观众来到我们博物馆，有没有想过‘南海Ⅰ号’是

①肖国梁．试析讲解员与观众的互动因素：博物馆学文集3［C］．长沙：湖南省博物馆学会，1990:185.

讲解员在“沉船之谜”展板前给观众进行讲解

怎么沉没的呢？”这样的提问方式可以引起观众对“南海Ⅰ号”沉没原因的好奇，进而思考和讨论，接着讲解员再进行解答。在此，讲解员使观众建立了认识问题和分析问题的基础，加深观众对陈列内容的认识，满足了观众的求知欲。

二、倾听回答，不要打断

在与观众互动的过程中，讲解员不要轻易打断观众的回答。如果观众语言表达欠佳，内心紧张，讲解员一旦打断他的讲话，他就会停止发言，互动氛围立刻减弱。正确的做法是当观众在断断续续地回答时，讲解员积极给予反馈，例如赞许式点头、赞扬式微笑、注视对方的眼睛、展示感兴趣的表情等。当观众完整地表达后，讲解员要对其回答的细节进行认可和表扬（尤其是对青少年、儿童），如“小朋友知道的不少呢”“说得真不错”等，积极的反馈可以很好地鼓励观众参与互动。

三、循循善诱，由浅入深

当讲解员在讲解专业性很强的展览内容时，设置互动问题可以遵循先易后难、由浅入深的原则。例如，讲解“南海Ⅰ号”出水文物中五大窑口的瓷器，涉及的专业内容广泛而复杂，讲解员可以进行简单的提问来互动，如“有没有来自江西景德镇（福建、浙江）的观众？”“你们听说过江西景德镇（浙江龙泉）的瓷器吗？”“我们来对比一下宋代瓷器和我们现在家里用的瓷器有什么不同”等。对积极互动的观众，讲解员加以回应并赞扬其对生活观察的细致。然后再介绍文物的由来、制瓷特点、纹饰含义等，如“宋朝景德镇窑烧造的青白釉瓷以民间日用瓷为主，以介于青白二色之间而闻名。我们现在观赏的是一件景德镇窑青白釉刻划婴戏纹碗，它的胎体轻薄，釉质莹润，碗内刻划的婴戏纹线条流畅，纹饰清晰，迎光透视，此碗寓意莲（连）生多子，多子多福。”

“南海Ⅰ号”出水婴戏纹碗

四、讲好故事，提出问题

以故事作为开场，能激发观众的兴趣，将注意力集中到讲解员的讲解内容上。在讲解福建德化窑白瓷时，可以引用马可·波罗陶瓷来源的小故事为后面的介绍做铺垫。例如，“13世纪意大利著名的旅行家马可·波

“南海Ⅰ号”出水德化窑青白釉四系罐

罗游历了亚洲大部分地区，把许多‘中国制造’带回了家乡威尼斯，其中一件就是福建德化窑青白釉四系罐，后人把福建德化窑青白釉四系罐称为‘马可·波罗罐’，而马可·波罗带回去的那件四系罐现收藏于威尼斯圣马可教堂……”然后再详细讲解“南海Ⅰ号”出水的其他德化窑瓷器。

总之，在讲解过程中，讲解员的行为一方面是自主选择、自主决定、依照既定目标进行的自主行为，另一方面又是不自主的。讲解员必须把观众的因素纳入自己的决策考虑之中，把来自观众的信息作为自己决策的前提，从而采取恰当的活动方式。观众接收到来自讲解员的信息之后，又向讲解员提供新的信息，如此循环往复。正是由于交往双方的相互作用和相互制约，才构成了讲解员与观众之间的互动。讲解效果的好坏便取决于双方互动的成功与否。①

①肖国梁．试析讲解员与观众的互动因素：博物馆学文集3［C］．长沙：湖南省博物馆学会，1990:187.

浅析博物馆讲解员的普通话运用
——以广东海上丝绸之路博物馆为例

李 剑

普通话以北京语音为标准音，它的特点主要是简单、清楚、表达力强。其语音音系比较简单，语音系统相对比较完整。普通话富有抑扬、和谐、悦耳的音乐美，能够反映纷繁的社会现象和表达细腻的思想感情，使现代汉语的表达生动丰富、简明准确。广东海丝馆由于地理位置、岗位特殊要求等原因，招聘的讲解员主要来自广东省内甚至阳江本地为主，因此讲解员的普通话受广东方言影响较大，带有较浓厚的广东口音，而博物馆的观众来自全国各地，讲解员口音太重会让观众听不懂。

一、普通话在讲解中的重要性

讲解员要发音正确，能自控气息和音量，吐字清晰、准确，基本没有吐字毛病。声音要求洪亮圆润，音色优美，不尖涩、嘶哑，能高能低，能大能小，随着听讲人数的多少和内容的需要有高、低、大、小的变化，高低声区调整转换自如，即吐字归音要圆润集中而富于变化。标准规范的语言，可以传递准确的信息，通过讲解语态的不断变化吸引观众，帮助观众理解展览展品、领会讲解内容，拉近与观众的距离，带领观众体会博物馆的文化魅力。

二、讲解员在运用普通话时常见的问题

1. 受方言土语影响

方言对普通话的影响很大，一方面体现在语法语序上（在本文第4点讲述），另一方面体现在发音上，最明显的体现就是广东语言。广东语言主要指粤方言、客家方言、闽方言。阳江方言属粤方言的次方言，包括阳江话和阳春话，又称“两阳粤语”。在听讲解员讲解或培训中，就发现来自粤方言地区的讲解员常翘舌音“zh ch sh”和平舌音“z c s”不分，如“是不是”往往说成“系不系”，“四十”说成“系席”等；“一艘沉船”的“艘”说成shōu。来自闽方言地区的讲解员常“f”“h”不分，如“粉红”说成“混红”，“凤凰”说成“混凰”。讲解时必须纠正方言土语，使之合乎普通话语言规范化的要求，切忌用普通话的调子填当地语音。

2. 不擅于使用儿化音

普通话语音中有音变现象，其中的儿化音对于南方人，尤其是广东人来说，是比较难学会的一种发音。“儿化”就是一个音节的韵母后边因附加卷舌音“er”而发生的音变，如“花儿”“花生仁儿”“杏仁儿”“瓜子儿”等。儿化音节一般都能代表一定的词义和词性，并能表达一定的感情色彩，如“广东海丝馆里设有儿童乐园区，开发的互动小游戏融入了‘南海Ⅰ号’和海上丝绸之路文化的元素。小朋友可以玩拼图、连连看、华容道、找茬儿等”。作为口语化，说“找茬儿”比直接读“找茬”更有亲切感。

3. 错字白字问题

第一，讲解时，不能想当然地读音。如广东海丝馆基本陈列的讲解词中有这么一段：“第一部分为展览的序厅，主题是扬帆。在展区的东侧竖立大型的风帆阵，代表着扬帆远洋的寓意……”，“帆”字并不是多音字，只有一个读音fān，但有人读成fán。同时，不要无中生有地编造

一些读音。如“风（fēng）”，很多人读成fōng；“梦（mèng）”，读成mòng；“孟（mèng）子”的“孟”，读成mòng；“亚（yà）洲”的“亚”，读成yǎ，而这些读音在汉语字典中并不存在，不能按港台地区读音发音或是按方言填音。

第二，注意多音字。汉语中有大量的多音字，一个字有多种读音，在不同的地方发音也不同。如“朝鲜（xiǎn）”的“鲜”有的人读成xiān；文物考古专有名词中的“拓（tà）片”的“拓”不应读tuò；又如广东海丝馆讲解词中“‘南海Ⅰ号’船载文物中的义窑瓷器数量巨大……”中的“载”是个多音字，意为“运输工具所装的东西”时应读作去声zài，往往很多人会读成上声zǎi。

第三，在讲解古代历史类名词时要注意古音与今音的区别，如唐代的“吐蕃（bō）”的“蕃”不能读fān。还有就是特殊名词，如广东的番（pān）禺的“番”作为地名不能读fān。

4. 语序问题

广东方言与普通话的差异很大，主要体现在语法语序上的不同，讲方言的讲解员说普通话时容易出现病句。例如：粤语“你来先”，普通话应是“你先来”，潮汕话是“你有来吗？”，普通话则是“你来了没有？”。有这类问题的讲解员往往在平时背诵讲解词或朗读文章时还能做到发音正确、字正腔圆，但是在说话或把讲解词用口语表达时，吐字显得生硬、不自然，时常流露出方言痕迹。

三、标准普通话的训练方法

讲解员普通话的正确使用有赖于有效朗读。朗读是一种把书面语转化为有声语言的活动，它需要很强的技巧性。讲解员在日常训练当中，可以由老师或者普通话说得标准的讲解员带着朗读，在朗读过程中讲解员可以发现自己发音上的不足和缺陷，同时也便于老师有效、及时地纠正一些普通话使用问题。

与此同时，讲解员在普通话训练时还要运用普通话思维，从口语到书面语，从语音、词汇到语法，不仅书面语音要标准，而且要在无文字凭借下也能标准、流畅地说普通话，且词汇、语法都合乎普通话规范。讲解员要提高听音辨音能力和改正方言缺陷的问题，从而提高普通话运用的能力。

讲解是一门艺术，它包括了有声语言、副语言以及讲解员个人的文化品位、修养等因素，绝不是有些人认为的：讲解员只是单纯背背稿子，是一个传声筒。讲解员平时要养成多查字典、多听广播、多讲普通话的好习惯，通过日积月累，定会讲好普通话，运用好普通话，继而提高有声语言的表达能力。

参考文献

[1] 王学敏，柳恒．博物馆实用讲解艺术［M］．郑州：河南大学出版社，2017.

[2] 鲁立．新闻播音中普通话语音的规范化与审美特征［J］．传播力研究，2017（10）：144-145.

公众服务

浅谈关于文博知识进校园的有益探索

梁成座

文博知识，主要是指与文物和博物馆相关的知识，它不仅包括博物馆研究、文物研究，还包括考古研究和历史研究，以及其他一些与之相关的学科知识。

学生作为一个年轻有朝气的群体，对新事物、新知识的感兴趣程度和接受程度普遍较高，而学生又是学校的主体，所以文博知识进校园的实质就是向学生普及文博知识。广东海上丝绸之路博物馆将校园学子作为普及文博知识的目标群体，通过博物馆之外的对学生的宣讲工作以及博物馆内的与学生的互动学习两种方式，对文博知识进校园活动进行了一些有益的探索，并取得了一定的成效。

一、博物馆之外对学生的宣讲工作

因为对外的宣讲工作是在明确目标受众的情况下做准备的，所以我们需要考虑目标受众的受教育水平、认知能力和知识结构，从而决定宣讲的方式和内容。

高校宣讲活动是广东海丝馆关于文博知识进校园活动的重心。在与高校共建大学生实习平台之余，向高校学生普及与博物馆有关的文博知识。自广东海丝馆与阳江职业技术学院（以下简称“职院”）旅游管理系共建大学生实习平台以来，每年都会到职院进行博物馆的宣讲工作。宣讲工作不仅仅是向学生普及博物馆知识，还能通过宣讲吸引更多的大学生志愿者投入博物馆的文博工作当中。

在校大学生在获取知识和信息时趋向于简单直接的方式，所以我们宣讲以PPT课件这一种为他们所熟悉的方式进行。对于旅游管理系的学生而言，考虑到往后的就业方向，他们一般对本专业相关的知识表现出较浓厚的兴趣。从广义上来讲，博物馆属于旅游景区的范畴，而景区导游的工作内容与博物馆的讲解工作也存在着共性。因此，我们在职院的宣讲内容主要包括博物馆的概况、博物馆展厅管理工作和知识，以及博物馆讲解服务工作。宣讲的内容在满足学生求知需求的同时，也普及了部分与博物馆相关的文博知识。学生们听了我们的宣讲之后，开始对博物馆的知识和工作有了基本的了解，并就自己感兴趣的方面向我们现场的宣讲人员提出了疑问。后来，经过面试环节，我们挑选了部分同学作为志愿者进入博物馆承担展厅管理和讲解服务的工作。

在实际工作中，我们开始进入引导阶段，不过引导者的身份转移到游客的身上。由于游客的受教育水平和知识结构不尽相同，在讲解服务的过程中，学生志愿者们发现以自己上岗培训时了解的基本知识不足以应对部分游客关于文物的提问。工作的需求激发他们更多的求知欲，迫使他们了解更多关于文物方面的知识。随后，他们开始向馆里的老讲解员请教关于文物方面的知识。这一过程就是从被动接受知识向主动学习知识的转变，而学生们也慢慢地开始了解更多的文博知识。

二、博物馆之内与学生的互动学习

博物馆之内与学生的互动学习主要是以“吸引”为前提，以互动问答的方式来普及文博知识。相较于博物馆外的宣讲工作，博物馆内的文博知识普及活动具有明显的优越性。因为在博物馆内，我们可以利用陈列着大量实物的展览来进行生动形象的介绍，从而达到吸引的目的，并且在介绍的过程中以互动问答的方式帮助学生逐步提高文博知识的认知。

2018年5月，深圳实验学校小学部的学生到广东海丝馆进行参观活动。因为此次参观活动是学校与我们取得联系的情况下安排的，所以在参观活动之前，我们向学生们提供了一份关于广东海丝馆展览的知识问卷。学生们在参观的过程中以带着问题找答案的形式了解展览中蕴含的文博知识。除了向学生们提供知识问卷之外，广东海丝馆还安排了考古工作人员在展览的成果展区通过观景天窗向学生们介绍“南海Ⅰ号”的考古发掘工作，并且为学生答疑。考古人员的介绍使学生们对神秘的考古工作产生了好奇，都踊跃地向现场的考古工作人员提问。在互动问答的过程中，陪同学生参观的家长们也对沉船的考古发掘工作表现出极大的兴趣，并加入提问的行列当中。

2018年7月，借助与高校共建大学生社会实践基地这一合作契机，南京农业大学经济管理学院的几名学生到广东海丝馆开展社会实践调研活动。在实践过程中，我们的讲解员为学生们介绍了博物馆的一些基本情况，并且对展览进行了讲解。学生们也开始了解关于博物馆管理和讲解服务方面的知识。

值得一提的是，经过广东海丝馆讲解员的详细介绍，在参观完博物馆的展览后，学生们对文物修复和保护，以及考古发掘方面的知识表现出浓厚的兴趣。为此，我们安排了馆内的文物保护人员为他们做了一个关于“南海Ⅰ号”文物修复和保护方面的专题讲座，并且安排了考古工作人员在“南海Ⅰ号”考古发掘现场为他们介绍关于沉船考古方面的一些知识。通过工作现场互动问答的方式，学生们加深了对这些知识的了解。

我们希望通过文博知识进校园活动，以部分带动整体，扩大文博知识的受众范围，更好地普及文博知识，推动文博事业的蓬勃发展。

浅谈广东海上丝绸之路博物馆的公众服务

李 剑

在现代社会中，博物馆指的是一个向公众开放，并为社会发展提供服务的机构，它以教育、研究、欣赏为目的，对人类环境的物质及非物质文化遗产进行研究、保护、征集和传播。社会公众是一个广泛的概念，是一个庞大博杂的人群。对于广东海丝馆而言，那些来到博物馆或曾来过博物馆参观的公众，是广东海丝馆的观众；那些未曾来过博物馆的公众是广东海丝馆潜在的观众，他们也许是明天的观众，需要努力争取。

博物馆服务的是整个社会公众群体，从前的博物馆服务，始于观众走进博物馆之后；如今，须先让更多的社会公众走进博物馆，然后才谈得上如何提高全民的文化遗产保护和博物馆文化意识。由此，广东海丝馆应在社会服务观念上实现质的转变，将“观众意识”转为“公众意识”。

一、公众来源

广东海丝馆作为我国目前唯一一家以水下考古为专题的遗址类博物馆，不仅展示“南海Ⅰ号”沉船及其船载文物，更是海上丝绸之路文化遗产和历史文明的重要“见证者”。该馆地处滨海旅游景区，每年的旅游旺季长达六个月之久，每日观众量最高达7000人次，而到馆的观众构成具有广泛性特点，国别、民族、肤色、职业、年龄、性别、文化素养各不相同，观众的参观目的也各有不同。无论是国家元首还是普通群众，无论是老年人、年轻人、儿童，还是学者、专家、学生，都是该馆的服务对象。这些观众基本可以分为以下几种类型。

1. 教育学习型

大多教育学习型的观众是带着目的来获取专门性知识的，也有以博物馆作为第二课堂的大中小学生等。他们都希望在某些已有知识的基础上，通过参观博物馆获取更多的知识，从而开阔视野，或者是对某方面的文化历史知识特别感兴趣，希望更详细和直观地了解这方面知识。对于这类观众，讲解员讲解时会更有针对性、深度和广度，以满足他们的要求。

2. 学术研究型

以开展学术研究活动为目的的参观者虽不太多，但他们目的明确，有强烈的选择性，希望能为自己的研究课题获取资料或是进行专业交流，因此他们会特别认真仔细地参观某部分陈列或某些展品文物。在广东海丝馆，这类型观众往往更关注关于“南海Ⅰ号”的最新研究成果、新发掘出水的文物及其所带来的海丝遗存佐证信息。因此，他们通常会提出各种相关的学术问题，与馆内的相关专家、工作人员相互探讨；他们有时还对展品、展览、展厅等提出疑问，或指出讲解员的不足和错误。这对广东海丝馆的展陈、文物研究和讲解等工作都起到了很好的指导、辅助作用。

3. 休闲旅游型

目前大众的旅游形式以自驾游居多，因此观众也是零星而来，但数量很多，占广东海丝馆参观人数的50%以上。他们的文化水平、年龄层次以及职业等比较复杂，主要是利用假期休闲观光，满足好奇心，或是为“南海Ⅰ号”慕名而来。这类观众往往是进行一次性、随意性的旅游观赏，因而他们的关注点和兴趣点也有很大的不同，对于此类观众，广东海丝馆会根据他们的需要提供个性化的服务。

二、公众服务举措

广东海丝馆开馆十年来，通过不断的学习、探索和总结，针对公众需求，逐步改进公众服务质量和改善公共设施，提供形式多样、丰富多彩的公众服务。

1. 陈列讲解

博物馆中辅助观众参观的重要手段就是陈列讲解。讲解既有助于加深观众对展品和陈列的理解，抓住重点；也使那些无目的游览的观众增加参观兴趣，开阔视野，获取知识。广东海丝馆要求讲解员根据不同的观众有针对性地进行讲解，区别对待。

2. 多媒体展示

博物馆是科普氛围浓厚的展览展示场所，人们通过文物与历史对话，跨越时空的阻隔，俯瞰历史的风风雨雨。博物馆运用一些新型多媒体技术，能够将所展示的信息更为高效地传达给观众，同时提升博物馆的档次和格调。通过对视频、音频、动画、图片、文字等媒体进行组合应用，能为观众创造崭新的参观体验，提高观众观赏、探索的兴趣。如今，形象生动的多媒体展览技术已成为博物馆展览陈列艺术中的一种新兴的重要表现形式。广东海丝馆展览中的多媒体技术主要有音频技术、场景合成、影像呈现、多点触控等。如“南海Ⅰ号”沉浸式立体影院，专门播放“南海Ⅰ号”的结构、历史作用、发展变化的影片。影院利用建筑本身特点，增加水彩天空效果，通过控光加入光纤灯，以体现古人牵星过洋的意境，并使用裸眼3D技术，使观众在观看时直观感受“南海Ⅰ号”的发掘和伟大恢宏的中国水下考古成就。

“南海 I 号”沉浸式立体影院

3. 社教活动

博物馆与公众交流沟通的方式之一是博物馆社教活动，这类活动也是公众享受博物馆文化成果的主要途径。宣传侧重于信息的传播，教育讲究信息传播的方式和效果。近几年，广东海丝馆社教工作者利用博物馆的自有资源，策划具有本馆特色的教育活动或项目来推进博物馆的宣教工作，使公众能够更好地享受博物馆的文化成果。如广东海丝馆结合馆内的基本陈列展览及文物，开展寓教于乐的陶泥制作活动，观众可以亲手制作陶器，体会从陶泥到成形再到作品最后完成的整个过程，了解制陶工艺。

4. 文创产品

文创产品是影响博物馆公众参与度的一个重要指标。博物馆共享、公众参与的一个核心成分就是文创产品的服务。博物馆人应树立文创产品精品服务的理念，这是帮助公众认识藏品及了解其意义的有效途径之一，也

广东海丝馆文创产品：常满罐

广东海丝馆文创产品：佳偶天成茶具

是博物馆与公众之间沟通的桥梁。文创产品要立足本馆自有的文物资源，以用户为导向，创新思想，开发设计具有本馆特性、个性并具有文化深度和厚度的产品。广东海丝馆开馆以来对文创产品非常重视，由专门的产业拓展部门负责。近几年来，我馆与多家文化创意经营单位合作，开发制作一系列具有“南海Ⅰ号”特色和海丝文化气息的精美、独特的文创产品，任何一件文创产品都能让观众感受精美的艺术，观众可以把海丝文化带回家传递给更多亲朋好友。我馆与佛山市新石湾美术陶瓷厂有限公司合作，以“南海Ⅰ号”出水瓷器为创作元素，携手佛山石湾窑，开发制作了一批深受观众喜爱的文创产品：常满罐的创意借鉴了“南海Ⅰ号”出水瓷器酱釉印章四系罐，寓意财源满满，运气满满，家庭幸福满满，所有好事都是满满的；佳偶天成茶具的创意借鉴了“南海Ⅰ号”出水瓷器青白釉外印花内捏塑花粉盒，寓意佳偶天成，天作之合。

5. 配套服务设施

博物馆应一心为民，关心自己的观众，使他们在博物馆的参观、学习、研究和休憩是舒适安全的。这就需要一系列配套的服务设施。广东海丝馆在2017年对主展厅进行了全面改造，对服务设施也进行了改善。例如，便捷的导览系统，观众使用手机扫描展品文字说明牌的二维码或数字，便可即时听到这件展品的详细介绍和相关历史信息；网上预购门票，观众到馆后在售票中心或自动取票机取票即可进馆；整洁的休息设施，针对老年人、残疾人、孕妇、儿童的服务设施也比较完备，提供轮椅、婴儿车、电梯、母婴专用卫生间等；馆外还配备免费停车场等。

今后，广东海丝馆的公众服务设施将更趋多样化和人性化，并参照2019年4月1日正式实施的《博物馆开放服务规范》执行。社会教育设施、便民服务设施、文化休闲设施、安全保障设施，以及良好的参观环境等都将成为广东海丝馆未来的主要建设与完善项目。

参考文献

[1] 王宏钧．中国博物馆学基础［M］．修订本．上海：上海古籍出版社，2001.

[2] 单霁翔．博物馆的观众服务［M］．天津：天津大学出版社，2017.

[3] 任巍．论博物馆展览中多媒体技术的运用［J］. 知识文库，2018（9）：75，77.

[4] 果美侠．以点带面，全方位多角度地开展博物馆宣教工作——以故宫博物院为例谈当代博物馆特色宣教活动的启示与反思［C］//北京博物馆学会．新世纪博物馆的实践与思考：北京博物馆学会第五届学术会议论文集．北京：北京燕山出版社，2008：389-395.

浅析专题类博物馆的临时展览策划及制作

——以广东海上丝绸之路博物馆的临时展览为例

郭亨文

近年来，随着文博事业的不断发展，国内博物馆形成了一个门类众多、管理制度庞杂的群体。

我国博物馆分为综合类博物馆、艺术类博物馆、专题类博物馆这三大类。广东海上丝绸之路博物馆属于专题博物馆一类，它是以“南海Ⅰ号”宋代古沉船的发掘、保护、展示与研究为主题，展现水下考古现场发掘动态演示过程的世界首个水下考古专题博物馆。

专题类博物馆的展览，是社会公众了解文物历史最直接的途径。广东海丝馆开馆10年来，常设展览（基本陈列）已进行了两次大的升级改造，并举办了多种临时展览近90场。已初步形成常设展览（基本陈列）和临时展览并重的格局，为社会公众提供内容新颖、形式灵活的参观体验。下文就以广东海丝馆的临时展览为例，探索专题类博物馆的临时展览策划及制作。

一、展览分类

综合来讲，在博物馆较固定地长期展出的展览叫作常设展览或基本陈列，短期展出的为临时展览。

常设展览和临时展览，主要是在时间与稳定性上存在区别，其本质基本相同，都是在一定空间内，以文物标本为基础配合适当辅助展品，按照一定的主题、序列和艺术形式组合成的，进行直观教育、传播文化科学信息和提供审美欣赏的展品群体。

相对于常设展览，临时展览一般小型多样，经常更换。展品的选择较为自由，不单是以文物为主要展品，还可以利用复制作品、模型、艺术品、图片（照片）等构成展览。2009年广东海丝馆建馆初期，由于没有固定的临时展厅，展览主要以常设展览为主，开设的几个临时展览基本是外展，且以图片展为主，这严重制约了博物馆的公共文化产品服务。2012年初，为补充馆内基本陈列展览内容，广东海丝馆在没有专门临时展厅的情况下，尝试把基本陈列中的部分区域文物提取出来，与广东省博物馆联合主办唐宋广东外销瓷展（临时展览），补充了常设展览中外销贸易的历史文化，但这也只是权宜之计。同年，广东海丝馆将1000平方米的办公区域开辟出来，改造成专属临时展厅。临时展厅又分为一、二小展厅，展柜以大通柜的形式，为各种布展提供了灵活方便的场所。

广东海丝馆和广东省博物馆联合主办的唐宋广东外销瓷展

二、临时展览的特点

相对于长期展出的基本陈列而言，临时展览对于时长因素的要求较低，选题的范围和角度更为广泛，内容组稿更为灵活，形式设计更为丰富多样，可以紧贴时代的发展，满足观众对于精神文化的多样需求。办好临时展览，需要体现先进的思想性和鲜明的时代特点，体现出先进的科学性和勇于创新的精神，注重艺术性和普及性，以及要有创作陈列精品的精神。

临时展览虽然展出的时间不长，筹备的时间也较短，但要遵循展览的基本原则。就专题类博物馆广东海丝馆而言，由于自身的属性、常设展厅的空间、展览时间等因素，常设展览就“南海Ⅰ号”和海丝文化的专题，可以讲述得很细致，让人对这个专题内容有很深的了解。但常设展览的题材往往较为单一，涉及面也不广；而临时展览可根据博物馆的专题性内容进行补充和延伸，两者相辅而成。此外，常设展览也是专题博物馆投入大量精力、时间和成本而建成的，具有反映博物馆专题属性之特征，专题性研究的深度更大，所挖掘出的文物、展品等背后的故事与内涵更为丰富。在此条件下，临时展览也应与之相匹配。

三、临时展览策划和制作的基本程序

博物馆筹办陈列既要有主要原则，也要有一定的基本程序，要进行一系列复杂的研究、设计和多方面、多工种的协作。基本程序主要是展览选题、展品征集、撰写大纲、形式设计、现场布展、宣教活动、展览总结等。

1. 展览选题

专题博物馆的临时展览要体现出专题特色，在办临时展览之前，首先要研究并确定陈列的主题、基本内容和预期达到的效果。广东海丝馆是以

"南海Ⅰ号"及其船载文物的保护发掘和研究，以及展现古代海丝历史文化内涵为专题的博物馆，其选题应和本馆的专题有关联。近年来，广东海丝馆推出"画说海丝——谢鼎铭海上丝绸之路主题画展""'南海Ⅰ号'海丝文化遗产主题楹联书法展""传邮海丝·盛世启航""牵星过洋图片展"等临时展览，形式多种多样，也有艺术、历史等不同角度，但其主题始终围绕海上丝绸之路历史文化，只是对本馆专题属性有补充与延伸。

2. 展品征集

确定好主题后，要选择、征集必要的文物标本和辅助展品。选择的文物或展品，一是要符合主题。文物或展品能够体现临时展览主题的历史、艺术、科学价值。二是要真实可靠。文物或展品要经得起推敲，不能虚构或弄虚作假。三是要有可行性。选择、征集文物和展品要符合国家相关法规，并且还要考虑文物展品的状态、征集费用等客观条件。在广东海丝馆推出的临时展览"海丝路·聆花语——'南海Ⅰ号'文物纹饰雅赏"中，展览原定的策划方案拟展出1987年的金腰带，该金腰带是1987年首次发现"南海Ⅰ号"时出水的文物，其纹饰工艺具有很高的艺术价值和东西方文化交流的印记，能够很好地反映出展览的主题。但是由于档期原因，该金腰带当时正在其他博物馆展出。为此，策展团队对金腰带的纹样进行了提取，制作出纹样画用于展览。

3. 撰写大纲

在主题和展品基本确定的条件下，要进行文物展品的组合。展品对于普通观众而言，传递的是其体形、颜色等表面信息，背后的故事和内涵需要研究员、设计师、教育工作者等进行研究并加以诠释。在积累一定研究素材后，需要按照主题立意对研究的素材进行整理，用展览的语言撰写临时展览的陈列大纲。广东海丝馆的策展团队编写的陈列大纲内容主要包括主题说明、展览结构、展品清单、配套活动和表现手法简析等。

第一单元：大洋通道

Chapter One: Navigation Route

【部首说明】

中国的历代海商浮巨舶、渡重洋，跨越西太平洋和印度洋，沟通东亚、东南亚、南亚、西亚和东非，创造了享誉世界的海上丝绸之路。这条海洋之路历汉塘时期的发展，到两宋时期步入繁盛阶段。

Successive generations of Chinese marine merchants sailed across the western Pacific and Indian oceans. They created the world famous Maritime Silk Road connecting Far East Asia, Southeast Asia, South Asia, West Africa, and East Africa. This maritime route became prosperous during the Song Dynasty after growing during the Han and Tang Dynasties

【文字版】

丝绸之路

西汉时期（公元前202—公元8）张骞出使西域，开辟了以长安（今西安）为起点，经甘肃、新疆，前往到中亚和西亚地区的陆上通道，因为通过这条路西运的货物以丝绸制品的影响最大，故名“丝绸之路”。同一时期，汉代商人还从今天的广东徐闻和广西合浦一带出发，跨越南海和印度洋，与东南亚和南亚诸国通商，开辟了延续两千余年的海上丝绸之路。

“船”说——探秘“南海Ⅰ号”展览陈列大纲（节选）

4. 形式设计

形式设计又称艺术设计，是临时展览策划和制作过程中不容忽视的重要工作。临时展览的主题思想和展示内容要在一定的陈列形式中才能很好地表达。展览的内容和形式是相互依存的，没有形式的展现，内容信息将无法传递出来。

广东海丝馆的形式设计人员为创作出一个良好的展出和参观环境，采用展品高低排列、光源的运用等陈列方式展示展品，同时，考虑到观众参观的便捷和舒适度，设计出展示动线；此外，还进行辅助展品和必要设备的设计和制作。广东海丝馆与澳门博物馆合作举办的“深蓝瑰宝——‘南海Ⅰ号’水下考古文物大展”，有一章节是介绍船货的装载方式。为了生

“深蓝瑰宝——‘南海Ⅰ号’水下考古文物大展”的船舱模型

动地还原当时的场景，形式设计工作人员根据大纲文字，制作了船舱货物的示意模型，把文字设计转化为实物，给观众以直观的感受，同时还做了相关的艺术装饰，给人以美的体验。

5. 现场布展

确定好内容、形式和展品等后，就要进行临时展览的现场安装和布置。现场安装和布置首先要保护好文物、人员和其他辅助设备的安全，按照规范进行陈列摆放。其次要按照现场条件进行灵活处理。策展团队在设计时往往有未考虑到的细节，现场安装人员要在符合主题和工作进度的基础上对展品、展板、灯光等进行调整，使临时展览的效果更为完美。现场的布展是临时展览效果的真实呈现，对此部分进行细微调整，可以使布展更有效。

6. 宣教活动

社会教育是博物馆的功能之一，在新时代人民群的文化需求众日益增长的背景下，博物馆的社会教育功能也越发重要。一个临时展览的策划和制作，不单单是完成一个展览活动那么简单，与之相辅的还有良好的宣传推广和教育活动的推出。临时展览有利于增强展览的影响力，吸引社会公众更广泛的参与，并使来参观的观众有良好的互动体验和深刻的感受。

广东海丝馆的宣教人员在临时展览的主题选定时就参与其中，按临时展览的主题思想同步进行活动的策划，为搭建良好的展览提出意见和建议，也为推出相辅助的教育活动做基础工作。如“丝路美陶湾——广东石湾陶艺精品展”当中，博物馆宣教人员一方面聘请石湾陶艺传承人在展览现场与观众进行陶艺教学的互动，另一方面也参加陶艺培训，学习技艺，以便在展览期间能定期开展陶艺知识讲座与体验游戏。宣教活动并不只限于体验活动，从更广义的概念来说，临时展览还应紧贴主题、深挖文物的内涵，讲好文物故事，开发文创产品，实现文化遗产的传承和可持续发展。在策展“丝路美陶湾——广东石湾陶艺精品展”时，宣教人员与石湾陶瓷工厂联系，根据展出的文物开发定制相关的文创产品，作为展览的配套。

7. 展览总结

其实，展览的总结不能只在展览完成后进行，应在筹办陈列展览的每个工作阶段或展览展出的过程中汇总观众、专家、领导等各方面的意见，吸收好的经验与做法，及时对展览工作进行调整和完善。如广东海丝馆自主策划的“海丝路·聆花语——‘南海Ⅰ号’文物纹饰雅赏”临时展览推出后，为了更好地了解观众对此展览内容的满意度以及对临时展览设计的评价，以便继续有针对性地完善临时展览的服务和体验，了解临时展览的设计还有待改进的各项因素，海丝馆采用纸质问卷形式进行调查。共派送2000张调查问卷，根据收集的1985张问卷的情况统计分析得出结论。

总之，临时展览是专题博物馆一项重要的业务活动，专题类博物馆可以充分发挥自身优势，结合实际，举办反映自身特点而又丰富多彩的临时

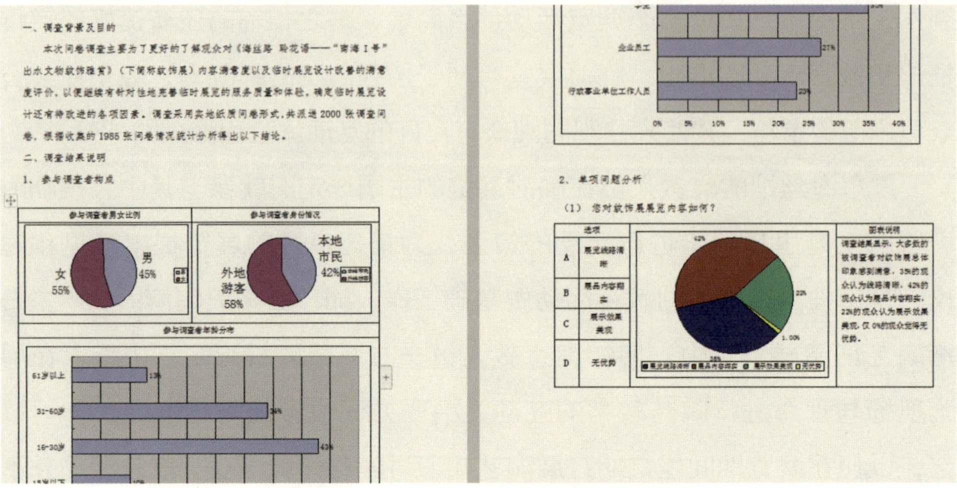
一、调查背景及目的

本次问卷调查主要为了更好的了解观众对《海丝路 聆花语——“南海Ⅰ号”出水文物纹饰雅赏》（下简称纹饰展）内容满意度以及临时展览设计改善的满意度评价，以便继续有针对性地完善临时展览的服务质量和体验，确定临时展览设计还有待改进的各项因素。调查采用实地纸质问卷形式，共派送2000张调查问卷，根据收集的1985张问卷情况统计分析得出以下结论。

二、调查结果说明

1、参与调查者构成

2、单项问题分析

（1）您对纹饰展展览内容如何？

选项			图表说明
A	展览线路清晰		调查结果显示，大多数的被调查者对纹饰展总体印象感到满意，35%的观众认为线路清晰，42%的观众认为展品内容翔实，22%的观众认为展示效果美观，仅0%的观众觉得无优势。
B	展品内容翔实		
C	展示效果美观		
D	无优势		

“海丝路·聆花语——‘南海Ⅰ号’文物纹饰雅赏”观众调查报告（节选）

展览。在新时代文化大发展的背景下，专题类博物馆应该高度重视临时展览工作；同时，相关研究、展示等各方面的人才要通力合作，以扩大临时展览的影响，扩展功能，更好地服务社会。

参考文献

［1］王宏钧．中国博物馆学基础［M］．修订本．上海：上海古籍出版社，2001：246-258.

［2］杨成．浅析临时展览的策划和大纲编写［J］．中国民族博览，2016（7）：54-55.

［3］曹雪．临时展览的意义与特点——《燕赵古迹》展览心得［J］．美与时代（城市版），2015（8）：79-82.

简述广东海上丝绸之路博物馆建筑

何恭准

广东海丝馆是集考古发掘、就地保护、文物展示于一体的博物馆。

广东海丝馆地处阳江的“东方夏威夷”海陵岛十里银滩，面山环海，风景秀丽，是广东省的文化名片之一，亦是阳江市的旅游文化地标性建筑。该馆占地面积12 288平方米，总建筑面积19 409平方米，平面尺寸约136米×88米，由五个“关联舱体”组成，建筑层数三层，建筑高度为23.65米，是一座安放“南海Ⅰ号”古沉船的主体建筑。

广东海上丝绸之路博物馆建筑外观

一、建筑主体设计

广东海丝馆于2005年12月28日正式动工兴建，由广州瀚华建筑设计有限公司设计。博物馆主体建筑造型以海洋与“南海Ⅰ号”为主题，运用大跨度空间中最为经济合理的“关联舱体”结构，摈弃传统的梁架结构，把造船的龙骨结构与南方独具特色的杆栏式结构相结合，运用现代浪漫主义的设计手法，使建筑物由五个相互关联的椭圆形“舱体”构成。建筑主体犹如翻滚起伏的海浪，与海陵岛十里银滩相呼应，实现景观视觉效果上的最优化。

二、海丝馆展厅设计

广东海丝馆秉承以人为本、删繁就简的设计理念，三个拱舱展示出不同的设计考量。在展示“南海Ⅰ号”沉船事件始末部分，即二号拱舱和三号拱舱一层主题展区内，采用主题演绎的手法，针对每一部分的展示内容营造不同的空间氛围主题，形成陆地与海洋、白天与黑夜的地理及时间差异对比。结合二号舱和三号舱空间主色调的转换，突出事件发展的前后变化，打造时空穿越的体验感，使观众置身其中，感受“南海Ⅰ号”当年的情景。

而在文化展示部分，即一号拱舱和三号拱舱二层主题区内，则以出土器物和考古成果研究为展示主体。该部分提取极具代表性的“船”“帆”等元素，融入空间造型、展柜陈列设计及VI视觉传达等，契合展示主题，给参观者营造真切的观展感受。

三、展区规划

1. 复原型展区

序厅部分采用与航海主题密切相关的缆绳、船帆元素，穿插布置在展厅空间中，起到了烘托主题的效果。西侧模拟码头仓库实景，货物种类繁

序厅采用的复原型展示

多，琳琅满目，营造出商贸繁荣、商贾云集的宋代码头场景；东侧增加做旧的帆船幕布，令观众产生身临其境的代入感。

2. 情景演示型展区

“南海Ⅰ号”沉船采用整体发掘的方式移入馆内，观众可透过外围玻璃幕墙观察考古人员的考古过程。现场发掘、研究的方式，既丰富了博物馆参观者的观展体验，又让他们获取关于考古的直观印象。

成果展区的地面镶嵌数块船形显示屏，放置于亚克力材料展台上，漫步其中，仿佛踏波海面、俯瞰海面之下的故事。显示屏中滚动播放“南海Ⅰ号”大事记视频，重现了专家学者从制订方案到发掘船体的全过程，让观众全面了解这一过程中的重要时刻、重要事件。

成果展区的情景演示

此外，观众可透过天窗俯瞰

"南海Ⅰ号"沉船的考古现场。穹顶星空场景利用原建筑本身特点，于观景台上空悬挂大型环状喷绘膜结构，以水彩天空效果为主；同时，通过控光加入光纤灯的星座效果，辅助展现"南海Ⅰ号"航海的情景，体现古人牵星过洋的意境。

3. 景观型展区

微缩景观模型展示是博物馆空间展示最常用的一种方式。广东海丝馆价值展区以此方式还原古代远航过程中的船员生活。模型为船只的整体剖面，细致地展示出船舱内部衣食起居、货物放置等细节，将宋代船只上的故事娓娓道来。模型以暖色调为主，与冷灰色调的墙面和地面形成对比，聚焦观众注意力，营造强烈的视觉效果。

价值展区的微缩景观

4. 再现型展区

广东海丝馆是以"南海Ⅰ号"船体为文物主体的博物馆，因此在文物展示上亦以船体结构剖面为展示依托，重点展示出水陶瓷器，形成气势宏大又不失精巧细致的陶瓷阵，集中体现"南海Ⅰ号"运载货物多为瓷器的特点，兼具秩序感和美感。展柜内，围绕船体剖面布置细节，模拟沉船环境，栩栩如生地再现满载货物的"南海Ⅰ号"。

广东海丝馆充分利用建筑空间，营造沉浸式的展示环境，突出海丝文化氛围，丰富陈展方式。通过博物馆主体外观、场景再现、数字化多媒体表现等的组织形式来加强整个环境的意境与内部空间品质的和谐统一，再加以文物展品的布置、灯光的烘托，极大地丰富了观众的参观体验。

广东海上丝绸之路博物馆通过六大举措确保安全无事故

姚 志

博物馆是征集、典藏、陈列和研究代表自然和人类文化遗产的实物，并对那些有科学性、历史性或者艺术价值的物品进行分类，为公众提供知识、教育和欣赏的文化教育机构、建筑物、地点或者社会公共机构。安全保卫部门对博物馆来说是一个特别重要的部门，其目的是预防犯罪的发生，及时发现危险并使之得到有效的处理。随着社会的发展，博物馆的安全形势变得愈发复杂，安保工作已经成为最关键的问题。广东海丝馆建馆至今，历任馆长都对安保工作高度重视，通过六大举措确保本馆的文物多年来安全无事故。

一、加强职业道德教育

加强职业道德建设，对干部职工进行防范教育，是做好安保工作的重要环节。广东海丝馆的安保工作不是某个部门的事，而是博物馆全体员工的事，每个员工都有义务、有责任维护博物馆安全。稍有疏忽、纰漏，都会给博物馆的安全带来不可挽回的损失或严重的后果。广东海丝馆在工作中始终严防个别员工对工作麻痹大意、应付了事的态度，以及“事不关己，高高挂起”的错误思想。各部门根据自身特点，开展形式多样的职业道德教育活动。广东海丝馆每月都召开馆务会，狠抓安保等相关工作，切实提高全体员工的职业道德水平。

二、建立长效培训机制

职业道德建设是一项长期的系统工程。广东海丝馆根据不同形势需要、任务和问题，根据各有关部门各自的责任要求，采取灵活多变的教育形式，定期对员工进行思想道德教育和安全、应急培训，并形成机制。广东海丝馆通过对全馆员工开展安全防范技术、消防技术、反恐措施等培训，提高广大员工处理突发事件的应急能力；通过及时传达有关文物安全工作精神，传阅各种文物被盗案例等，提高广大员工的防范意识，确保文物安全无事故。

三、切实落实规章制度

规章制度是员工的行为规范，它可使博物馆的各项工作有章可循，有据可依，并成为衡量博物馆工作质量效率的砝码。制定规章制度的关键是抓落实，如果不能有效地执行，规章制度再完备也是形同虚设。广东海丝馆要求安保员工每天落实值班上岗制度，安保管理人员落实巡查、抽查、总结、谈心谈话制度，力争把安全隐患消灭在萌芽状态。

消防官兵讲解灭火器使用方法

广东海丝馆"博安·2018"反恐应急演练活动开幕式现场

四、加强对安防监控中心的管控

安防监控中心是广东海丝馆的枢纽，是预防文物犯罪事件发生、打击文物犯罪活动的利剑。一方面，广东海丝馆对安防监控中心工作人员做到严把进入关；另一方面，对安防监控中心工作人员进行不定期的巡查、定期考核、定期培训，以确保每名员工能熟练操作规程，能快速反应处理事件。对安防监控中心个别违反纪律的员工，广东海丝馆采取提醒、谈话谈心、书面检讨及扣除绩效工资、调离岗位或辞退解聘等处理措施，对造成严重后果的，还要追究其相应的法律责任。

五、加强保安队伍的建设

广东海丝馆的保安队伍是通过政府集中购买服务的形式组建起来的。该队伍接受的规范训练科目包括队列训练、消防训练、交通指挥、体能训练、警棍盾牌术、擒敌术、反恐器械及手铐（扎带）术等方面。

保安队伍设置固定岗与巡逻岗，组队相向巡逻，不定时进行报岗核对，日常与夜间采取不定时查岗制度。参照《博物馆保安服务质量考评表》的相关条款进行绩效考核评分，做到奖惩分明。目前，广东海丝馆聘有专业保安人员数十人，对维护博物馆的日常安全发挥着应有的作用。

六、实施多联动机制

安防监控中心运用视频监控、报警系统等技术安全防范手段，监控博物馆内外的实时动态。通过对重点部位巡点、滚动巡视或随机性点视等多种方式进行监控。广东海丝馆与110报警中心、消防、派出所等安保部门建立联动机制，加强演习，确保一有警情即快速处置。

同时，安防监控中心还监督所有安保人员的上岗情况，确保所有人员在岗在位，高效运转。

下一步，广东海丝馆将从多个方面继续加大对安全保卫工作的支持力度，确保博物馆平安无事故。

参考文献

[1] 中国大百科全书出版社《简明不列颠百科全书》编辑部. 简明不列颠百科全书[M]. 北京：中国大百科全书出版社，1985.

文博汇粹

智慧传播

网络直播中的博物馆现场讲解

——以广东海上丝绸之路博物馆为例

钟玉婵

近年来，在互联网领域掀起了网络直播热潮，观看或发起直播成为年轻人热衷的娱乐社交方式之一，网络直播平台也成为一种新兴的社交媒体。对于广东海丝馆而言，通过网络直播平台向公众展示“南海Ⅰ号”的实时发掘情况、馆内藏品、文物保护修复过程以及研究成果，是开展社会教育、提供公共服务的一种新渠道、新方式。同时，现场直播完成后还可以随时随地为观众提供重播，这样能有效地延长直播的时间，发挥直播内容的最大价值。

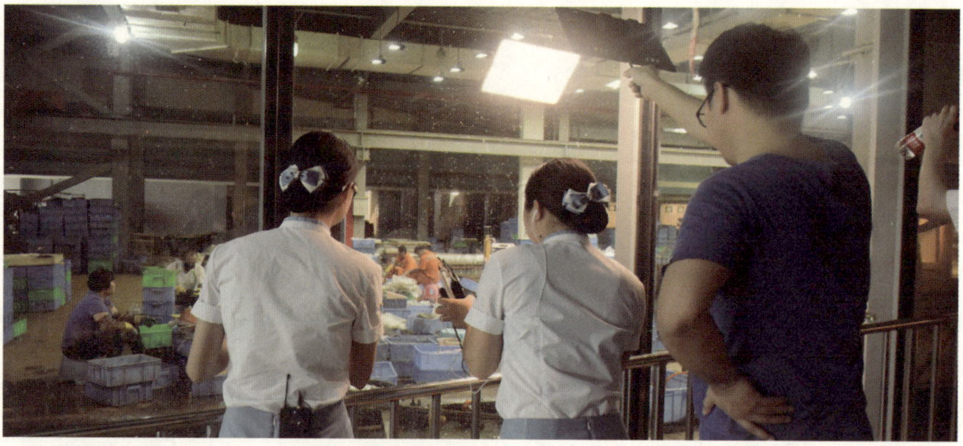

广东海丝馆宣教部门正在进行网络直播

网络直播实现了信息传播从单纯的文字、图片、音视频转为更高级的实时影像，大大地丰富了信息传播的内容，提升了信息传播的效果，为观众提供体验场景实况的感受。这种现场感在陈列讲解直播中表现得较为突出。

一、网络直播时的讲解

现场讲解指的是博物馆讲解员对馆内的展陈进行讲解。网络直播展陈讲解，能起到宣传、推广博物馆的作用。广东海丝馆的讲解员作为解说“南海Ⅰ号”及传播海丝文化的使者，在网络直播中用准确的语音、清晰的咬字、利落的手势以及娓娓动听的解说词，向公众传递着历史文化知识，通过这种实践达到社会教育和文化传播的目的。

在博物馆网络直播过程中，讲解员与公众之间是可以进行互动交流的。这种互动交流，既增强了观众的参与感，也让讲解员实时了解观众对博物馆的观感。比如在“南国书香节——阳江”的直播中，观众不仅向讲解员提出问题，还通过点赞、赠送棒棒糖等形式表达对广东海丝馆的喜爱和对讲解员的称赞。而公众对博物馆的直观感受，往往和网络直播中讲解员的一举一动息息相关。

讲解员正在进行讲解直播

二、直播对讲解员的基本要求

1. 直播时能够随机应变及把控现场

直播中，讲解员的每一个动作甚至表情都会被无限地放大，一举一动都在受众的监督之下。由于博物馆直播的拍摄团队不是专业拍摄团队，对各环节的总体把控仍有许多不足之处，每个环节都存在着不确定因素，可能面临各种各样的突发情况，要求讲解员对突发情况能随机应变地处理。广东海丝馆在做网络直播时为了体现现场感，都是在不清场的情况下拍摄，这样就会有好奇或是不明情况的观众不小心挡住镜头或是大声说话而影响直播的背景音效，这时讲解员就要具备随机应变的能力，有机结合现场环境，快速合理地组织语言，才能保证直播的连贯性。

直播讲解员与电视直播节目中的主持人相类似，都是以主持人或讲解员为纽带，把内容的播、控集中在一起完成直播的。在直播的过程中谁也不知道下一秒会发生什么事情。相对于节目主持人来说，博物馆讲解员是业余的，他们只是普通的文博工作者。虽然讲解员并不专业，但在工作的时候也是全力以赴的。就在2018年8月10日广东海丝馆开展了“南国书香文化节”与“南海Ⅰ号”的直播活动，通过网络直播的方式把位于不同地点的事物紧紧地连接在一起。直播时广东海丝馆的讲解员通过网络镜头引领着书香节现场的观众进行参观。利用直播平台，讲解员可以与观众进行互动，观众可以向讲解员提出问题，然后讲解员进行回答。直播讲解员除了要应对镜头里面的观众，同时还要面对展厅里面的观众，因为做直播的时候是正常开馆的。

2. 讲解时要言之有物

直播时，讲解员最重要的能力是把牢记于心的讲解主题，通过自己的理解，运用通俗易懂的语言，并进行艺术性的即兴口语表达创作，将主题内容传递给观众。这就要求讲解员对展板内容、文物摆放位置、展品文物的相关背景和历史文化知识非常熟悉，在网络直播的过程中，以个人的经验和文博知识，用缜密的思维组织现场讲解词，要“言之有物”，要尊重历史，而不是“天马行空”地胡编乱造。

目前，广东海丝馆已经成功尝试了多次网络直播，获取了不少直播经验。与观众的实时互动既有助于观众获取更多的信息与知识，也是广东海丝馆和讲解员了解观众的兴趣点和需求的重要渠道之一。网络直播可以帮助讲解员不断地改进自己的讲解，促进博物馆提供更多满足观众文化需求的展览。

参考文献

[1] 白莹. 浅析博物馆对新媒体的应用——以网络直播为例 [J]. 博物馆研究，2017（1）：71-74.

[2] 张慧鑫. 直播节目中主持人的控场技巧探讨 [J]. 科技传播，2015（5）：65-66.

略论数字化博物馆的建设

谭 羡

数字化博物馆，是指利用数字化技术、现代化信息手段和网络技术将传统博物馆所具备的职能以数字化的形式表现出来。具体来说，就是采用国际互联网与博物馆内部信息网的信息构架，将传统博物馆的业务与计算机网络有机、紧密地结合，构筑信息交换载体，实现博物馆的数字化，使博物馆的职能得以充分体现。

数字化博物馆是建立在网络上的虚拟博物馆，是传统博物馆面向新世纪、适应信息时代发展要求的产物，是现代博物馆发展的必然趋势。数字化博物馆利用了信息时代的诸多先进科学技术作为对博物馆业务的有益探索和尝试。对广东海丝馆这类遗址类专题博物馆而言，利用数字化技术，做好“南海Ⅰ号”考古发掘及保护过程中的数据采集，利用大量的数字信息资源，结合古籍史料，实现“南海Ⅰ号”的数字化复原，进而勾勒还原宋代海上丝绸之路贸易的辉煌，具有极大的现实意义。

一、建设数字化博物馆的基本条件

从技术构成模式上来说，数字化博物馆一般应具备局域网系统、藏品管理系统、办公信息化管理系统、网站系统等。数字化博物馆的运行方式应该分内、外两种。其一就是对内通过博物馆局域网进行数字化信息的有效管理与利用，主要包括办公自动化、藏品信息管理、人力资源等的配套管理。对外通过互联网，使博物馆与外界通过网络建立联系，达到馆际之间的信息共建、共享及交流，并通过网站形式对公众提供各类信息及信息咨询服务。通过这两种信息传播途径，利用博物馆的数字化信息将实体博物馆与数字化博物馆相结合，使博物馆的职能得以充分实现。这是数字化博物馆所具有的基本功能。广东海丝馆目前已建设有“南海Ⅰ号”保护发掘项目资料信息管理系统（由考古队建设），广东海丝馆馆藏文物保护修复档案管理软件，全国第一次可移动文物普查时由国家文物局统一分配的文物信息管理系统等基础数字信息采集、保存平台，以及官方网站、微信公众号、展厅电子屏显示系统等数字信息展示前端。

1. 博物馆网络建设

局域网建设是博物馆网络化、信息化建设的基本内容，是博物馆内部的信息交流平台。局域网建设包括网络的综合布线以及服务器、交换机、计算机等网络设备的配置应用。

互联网是博物馆与外界进行信息交流的桥梁。申请宽带服务，可解决博物馆的上网环节；同时需设置防火墙和杀毒软件，做好必要的数据备份，以保障系统不受黑客和病毒的危害以及非授权用户访问。这是实现博物馆信息化的根本保证。为了充分利用互联网上的资源为博物馆业务研究服务，经常从互联网上进行相关信息的采集，通过搜索引擎检索信息，进行信息挖掘，以充实更新博物馆的数字化资源库，为博物馆的业务服务。广东海丝馆现有网站包括精彩海博、海上丝路、南海Ⅰ号、水下考古、陈列展览、学术研究等板块，汇集了大量的数字资源。“南海Ⅰ号”是我国古代海上丝绸之路古航道上发现的重要遗存，广东海丝馆在建设之时就提出创设海上丝绸之路研究和研发中心，因此在研究“南海Ⅰ号”的同时收集海上丝绸之路文化研究资料，丰富数字资源，有其重要意义。

2. 博物馆藏品信息的网络化管理

对藏品进行数字化处理，是博物馆全面实现信息化管理的基础，而建设藏品数据库则是其中的关键。各博物馆在对文物藏品的管理实践中，形成了自己独特的数据采集、记录方法。因此为达到建设藏品数据库的目的，需要制定一套统一的数据采集和记录标准。在制定藏品数据库标准时，还需要考虑今后国家标准出台的可能，为今后的升级换代留下余地。“南海Ⅰ号”保护发掘项目资料信息管理系统是针对性定制的一个数据采集管理平台，为“南海Ⅰ号”考古发掘信息的采集和管理提供了很好的平台。

二、数字化博物馆应用信息系统

1. 博物馆对外展示信息系统

博物馆陈列是博物馆教育公众，实现其社会宣传、教育功能的主要手段。传统博物馆的陈列多以展品、图片配以说明为主，显得呆板，不利于

“南海Ⅰ号”信息管理系统

参观者了解展品的文化内涵。科学技术突飞猛进的发展为博物馆的陈列、展览提供了更丰富的展示手段，公众知识水平及欣赏水平的提高也促使博物馆的陈列理念发生变化。网络博物馆建设对传统陈列提出了新的挑战。网络博物馆的最大特点在于丰富的展品展示及灵活的陈列设计。对外信息展示分两个部分，一部分是互联网上的信息展示，另一部分是来博物馆实地参观的观众的信息展示。网站建设充分发挥本馆的特长，如考虑藏品数据库检索，以及全景虚拟展示，通过网站的规划设计表现出本馆的特色。广东海丝馆经申遗工程改造升级，在展厅增加了模拟航海、多媒体导览等前端数字化信息的应用，提升了博物馆的展示效果，也方便了游客的游览、查询。

2. 博物馆的其他应用信息系统

随着博物馆工作的不断深化，博物馆的许多方面都可以应用相关的信息系统为博物馆的工作服务，如博物馆可购置图书馆通用的商用图书管理软件，利用科学的手段进行图书采购、编目、检索、流通等工作；利用统一的数据格式编目，各博物馆之间可以资源共享，可以分别购置本馆有特色的图书馆藏，博物馆之间可进行馆际图书数据检索和互借，提高资源的利用率，加大图书管理的规范化、科学化。博物馆也可通过互联网进行电子商务的运作，通过网站将博物馆的经营商品制作成网页发送到互联网上。广东海丝馆根据自身实际，委托中山大学计算机系编制了博物馆数字化信息方案，力求建设完整的数据采集、数据管理、数据应用平台，以提升博物馆的信息建设水平。

三、数字博物馆与实体博物馆的关系

传统的实体博物馆可供人们参观文物、古迹等人类历史长河中遗存下来的文化信息载体，人们通过参观博物馆的这些藏品接受知识、启迪智慧、陶冶情操。

数字化博物馆与实体博物馆一样，同样起到对文物保管、研究和陈列的作用，其实质内容就在于如何尽可能地保存与发现文物已知和未知的信息，使之成为数字化数据，并且用人们喜闻乐见的手段加以展示和播放。但和传统的博物馆相比，数字博物馆有其自身的特性，使之与传统博物馆区别开来。其根本特性在于数字化技术、互联网及通信技术的运用。数字化博物馆超出实体博物馆“馆”和“物”的地理、物理限制，把博物馆的所有管理和业务内容全部转化到信息平台上，特别是文物鉴定、文物研究、文物修复等，使博物馆在新的社会发展阶段从“实体导向”变为“信息导向”，把现场服务拓展到超越时间、空间的虚拟服务。

数字博物馆与传统的实体博物馆应有机结合起来，共同发挥博物馆的职能。但是即使随着时代的不断发展带来信息技术的不断进步，数字博物馆也只能是实体博物馆的一种特殊的表现形式，无论它发展完善到何种程度，永远也不可能代替传统的实体博物馆，只能作为传统博物馆有益的、必要的、不可缺少的补充。

广东海丝馆综合运用互动投影、数字多宝阁、VR技术、沉浸式立体影院等虚实结合的手段，建设“南海Ⅰ号”数字化信息展示项目。游客可在一个文化信息足、技术含量高、交互手段丰富的数字化空间里，获得广东海上丝绸之路和“南海Ⅰ号”的历史、馆藏精华的相关知识，以及身临其境的参观体验，从而提升博物馆宣传教育的效果。

四、建立数字博物馆面临的问题及解决对策

要实现数字博物馆的职能，一方面要为数字博物馆合理配备硬件设备及其所应用的软件，这是实现数字博物馆的先决条件；另一方面，无论是博物馆的领导层，还是一般的工作人员，都应具有适应信息时代的新思想。在信息时代，博物馆文博工作者应该具有新观念、新思路，不能受传统博物馆实体工作思维的束缚，而应顺应信息时代带给博物馆的要求，牢牢抓住信息社会带给博物馆的新机遇，为博物馆的信息化建设创造出有利的条件。博物馆领导层应集中人力与物力资源去营造有利于进行博物馆信息资源开发的氛围和良好的环境，理顺博物馆各项工作所涉及的信息采集、重组、加工、分析与研究等过程。

博物馆的藏品陈列、文物管理与保护、文物考古发掘活动、科学研究等工作，以及人事、财务、党务、政务等管理包含着人流、物流、信息流，这是信息系统不可或缺的元素，在信息化建设中应得到合理的、科学的配置，这样才能为博物馆的信息化建设铺平道路，为数字博物馆的实现和博物馆的数字化创造出有利条件和良好的氛围；博物馆的信息化以及对信息的科学管理与利用，也将使博物馆的各项工作更加科学化，从而提高博物馆的整体管理水平。

信息化过程是一个管理的过程，是一个管理的整合，博物馆是信息化建设的主体，要根据信息化建设目标和博物馆的实际，制订统一的信息化建设的规划和框架，以此来指导具体的信息化进程。信息技术人员要合理分布，分工明确，各负其责，在博物馆统一领导下完成信息化建设中的各项工作；对引进的信息系统，全面掌握该系统的功能，完成引进系统的最终掌握、维护和完善，以此带动全馆人员应用信息化技术；要统筹利用单位已有资源，包括硬件资源、技术资源、信息资源和人才资源。信息化建设不单纯是一个系统，它还包含着管理思想，从根本上来讲是一个管理项目，只不过是通过信息化的手段去实施。博物馆信息化建设是一个有始无

终的过程，因为博物馆在不同发展阶段所要解决的问题不同，加上单位环境的变化，所以博物馆的信息化系统的应用也需要不断地优化和深入。

广东海丝馆的数字化博物馆建设工作已经启动，我们将以充分整合博物馆各类历史资源，提高学术研究和艺术传播的总体水平，促进“一带一路”倡议的实施，推动博物馆智慧化建设进入新阶段，助力广东海丝馆成为海丝文化一流的学术研究中心、交流中心和艺术分享中心为目标，全力以赴，利用数字化技术开发更多的产品，吸引更多的观众，让文化遗产保护的成果惠及更多的受众。

参考文献

[1] 田野. 我国数字化博物馆建设中的相关问题及对策［J］. 辽宁师范大学学报（社会科学版），2006（6）：119-122.

[2] 杨向明. 数字博物馆及其相关问题［J］. 中原文物，2006（1）：93-96.

[3] 朱学芳，马仁配. 网络环境下的数字化博物馆［J］. 情报科学，2002（11）：1179-1183.

超级链接的博物馆

——新媒体技术在广东海上丝绸之路博物馆的应用

钟玉婵

信息技术的每一次创新，都带来信息传播的大变革。人类传播史上的印刷术、无线电技术、电子技术等造就了报刊、广播、电视等传统媒体。计算机网络技术促进了互联网时代的来临，而无线通信技术与计算机技术、信息网络技术的结合则促进了手机媒体的兴起。①

作为新媒体的重要成员，手机媒体将人际传播与公众传播融为一体，具有其独特的优势。②基于网络模式的手机网，除了具有网络媒体的特点外，还具有高度的隐私性、贴身性和便捷性，这为博物馆的宣传教育等公共文化服务的开展提供了新的途径。

一、基于网络的手机媒体直播让博物馆跨越时空界限

博物馆作为不可移动的自主学习场馆，往往因时间、空间限制而无法发挥全部功能。展馆的开放时间、观众距离场馆的远近程度等都会成为博物馆观众前来参观时考虑的因素。将博物馆置于移动互联网中，可以吸引大量潜在的博物馆爱好者，打破空间与时间的限制，利用移动电子设备自由参观浏览。③

①高卫华：新闻传播学导论［M］．武汉大学出版社，2011:85.
②同上书：88.
③同上书：110.

2018年的“5·18”国际博物馆日活动，广东海丝馆首次运用了网络直播平台，把河源主会场与广东海丝馆现场连接起来，让远在河源的观众通过网络与讲解员进行零距离的互动。观众们通过这种方式，跟着讲解员走进广东海丝馆“参观”，足不出户即可欣赏到“南海Ⅰ号”出土的精美、珍贵的文物，了解“南海Ⅰ号”的发现历史、考古发掘现场。这种创新的展览与讲解方式深受观众的欢迎和好评。

首次直播活动的圆满成功使我们备受鼓舞，也收获了很多经验。在2018年8月10日举行的“南国书香节”活动期间，我们大胆地进行了第二次的直播活动。这次我们把设在阳江国际会展中心的会场与“南海Ⅰ号”发掘现场通过网络直播平台连接起来，让观众跨越空间感受“南海Ⅰ号”震撼的考古发掘现场。经过两次比较成功的网络直播，我们的讲解员在接待观众时常常听到这样的话：“我们就是看了你们的直播才来的，专程过来更近距离地观赏。”这表明，我们的网络直播吸引了更多的观众前来参观。

阳江本地媒体对网络直播活动采访报道

二、广东海丝馆手机媒体网络直播操作实践

由于网络直播是要对整个展厅进行实时拍摄并直播，必须在展厅里一边走一边讲，因此常规的直播方式对我们来说并不适用。博物馆的网络直播拍摄范围较广，且拍摄时间较长，我们用方便、轻巧，容易操作的手机代替传统的拍摄器材。但手机拍摄的缺点是拍摄时容易抖动，影响画质，于是我们采用三轴稳定器解决这个问题。一般的直播因为受到直播线的限制，通常在短距离范围进行，而广东海丝馆展厅的展览面积为1万多平方米，做整个展厅的讲解直播，范围太大会导致信号不稳，我们采用移动4G网络来解决直播的网络问题。

直播的前几天我们进行了多次的试播，当中遇到了一些挑战。比如：展厅的灯光较暗，直接拍摄会看不清楚，于是我们采用灯光板进行补光；无论是试播还是实拍都不能清场，会有观众挡在镜头前，需要工作人员实时疏导正在参观的观众；讲解员毕竟不是主持人、播音员出身，没有镜头感也没有拍摄经验，第一次面对镜头讲解比较紧张，导致平常熟记于心的讲解词突然忘了，讲解的手势不会做了，表情也变得僵硬，但经过多次的试拍，他们慢慢地有了镜头感，表情也自然了，在正式直播时也显得淡定从容了。

三、足不出户知天下——手机新媒体开拓博物馆新观众

如果说移动互联网提高了传播速度，那么网络多媒体技术则加强了现场感和时效性，开拓了公众化传播的新时代。网络多媒体技术与博物馆传统文化及展览讲解的深度融合，使普通公众获得知识教育和休闲娱乐的渠道更加丰富多样。通过网络直播带领观众参观博物馆，彻底突破了时间和空间的限制，开辟了一条便捷、高效、省钱、省力的通道。作为承担宣传教育和审美娱乐双重功能的博物馆，利用移动网络的多媒体技术，丰富公

共教育普及的形式与内容，上班族、老年人、残障人士及偏远地区的观众群体足不出户就可以跨越时空通过我们的网络直播平台进行参观。与此同时，观众通过我们的网络直播平台也可以随时随地向讲解员提出问题，而讲解员在直播的过程中及时为观众答疑解惑，真正实现实时互动。

可见，广东海丝馆的手机媒体网络直播实践，充分利用了移动互联网的优势，拓展了博物馆服务的时间与空间，促进了文化遗产实体与公众的交流，让移动终端的体验者——观众的真实需求得到不断的满足。

参考文献

［1］高卫华．新闻传播学导论［M］．武汉：武汉大学出版社，2011.

［2］边静．移动互联网对博物馆公共教育的影响刍议［J］．中国博物馆，2016（4）：109-112.

文博汇粹

海丝文史

中国水下考古奠基人——俞伟超先生

何绪军

我国拥有近300万平方千米的海洋国土，航海历史源远流长，海上丝绸之路闻名世界。我们的祖先曾创造出灿烂的蓝色文明，为后世遗留了丰富的水下文化遗产。保护和了解这些珍贵的水下文化遗产，是摆在我国文物考古工作者面前迫切而艰巨的任务。但20世纪80年代中叶以前，水下考古在我国还是一片空白。

一、俞伟超先生与中国水下考古

1986年9月，我国政府决定发展水下考古事业。1987年3月，国务院批准成立由国家文物局牵头的国家水下考古协调小组。协调小组委托中国历史博物馆承担这项任务，时任馆长俞伟超先生勇挑重担，主持设立了我国第一个水下考古科研机构——中国历史博物馆水下考古学研究室（现中国国家博物馆水下考古研究中心）。[①]水下考古学在中国由此起步，而俞伟超先生是我国水下考古事业当之无愧的奠基人。[②]

①吕章申．中国国家博物馆水下考古成果［M］．合肥：安徽美术出版社，2015：1．

②张威．新学科、新探索：水下考古学在中国的发展［M］//吕章申．中国国家博物馆水下考古成果．合肥：安徽美术出版社，2015：276．

1987年11月20日，由中国历史博物馆水下考古学研究室主办的内部刊物《水下考古通讯》创刊。其作为水下考古学科发展的学术阵地之一，馆长俞伟超先生还亲笔撰写了发刊辞。①

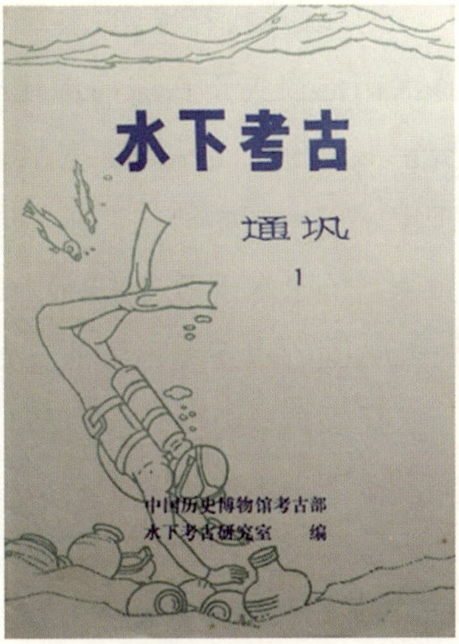

《水下考古通讯》（第1期）

我国水下考古事业起步晚，发展受到技术、资金、政策、人才等多方面因素的限制。为解决这些问题，俞伟超先生积极奔走，拓宽与国外尤其是有相关经验国家合作交流的渠道。一方面邀请外国相关专家来华讲课，另一方面选派人才出国参加水下考古培训。②

1989年1月22—29日，俞伟超先生同来华的澳大利亚阿德莱德大学东南亚陶瓷研究中心的彼得·伯恩斯博士、西澳大利亚海洋考古部主任吉米·格林先生商谈合作举办水下考古专业人员培训班的具体事宜。③开展合作就是一个了不起的进步，因为当时中国的法律严禁国外力量参与（中国的）考古事务，俞伟超据理力争，中国不能坐视外国探险家在中国近海非法打捞沉船遗物的活动，而单凭中国自己的学术力量又不能开展这项工作。④同年7月，又同日本相关方面就合作开展广东南海沉船的调查发掘达成一致意见。1995年10月13—17日，俞伟超先生还赴美国加利福尼亚大学洛杉矶分校参加中国水下考古学国际学术研讨会，并宣读学术论文。⑤

①吕章申．中国国家博物馆水下考古成果［M］．合肥：安徽美术出版社，2015：367．
②方华．与掩埋的“历史”对话——记考古学家俞伟超［J］．国际人才交流，1998（8）：35．
③吕章申．中国国家博物馆水下考古成果［M］．合肥：安徽美术出版社，2015：369．
④罗泰．俞伟超先生学术评传［J］．中国历史文物，2009（3）：11．
⑤吕章申．中国国家博物馆水下考古成果［M］．合肥：安徽美术出版社，2015：373．

为建设中国自己的水下考古基地，1993年3月5—8日，俞伟超先生赴珠海市洽谈关于在珠海市建立水下考古基地的事宜。①随后水下考古学研究室拟定出了《珠海国家水下考古中心基地建设初步规划》，为编制珠海国家水下考古中心在广东的基地建设可行性报告做准备。最终由于各方面原因，国家水下考古中心建在了广东阳江。②

中国的水下考古事业在包括俞伟超先生在内的多方力量的推动下获得了长足发展。1999年3月25日，中国历史博物馆水下考古学研究室正式更名为水下考古学研究中心。③2002年9月，根据国家文物局《关于中国历史博物馆增设机构的批复》，中国历史博物馆设立水下考古研究中心。④

除了在中国水下考古方面的卓越贡献外，俞伟超先生还在博物馆引入计算机研究室，把航空摄影引入中国的考古调查。这些做法在现在看来“无疑是最具有前瞻视野和开放思想的，他永远不停滞在已经形成的结论上，勇于挑战自我，完全不受偏见的左右，对新知识有着无尽的好奇与渴望。最重要的是，他想了解事业起步阶段的年青人的兴奋点，并寻求理解和分享他们的兴奋，他生命的成功就在于把这种兴奋转化为力量，从而把中国考古学从长期的封闭中解放出来，并显著提升了它在国际学界的地位”⑤。

二、俞伟超先生与“南海Ⅰ号”

“南海Ⅰ号”沉船的调查、发掘历时三十多载，它既见证了中国水下考古发展历程的点点滴滴，也涵盖了包括俞伟超先生在内的考古学人几十年如一日的辛苦付出。

①同上书：372.
②石俊会．广东水下考古的发展［J］．四川文物，2006（1）：31.
③吕章申．中国国家博物馆水下考古成果［M］．合肥：安徽美术出版社，2015：375.
④同上书：376.
⑤罗泰．俞伟超先生学术评传［J］．中国历史文物，2009（3）：15.

队长俞伟超先生和副队长田边昭三先生（右为俞伟超先生）[①]

1987年8月，交通部广州打捞局与英国海洋探测公司签订了一份商业打捞合同，要寻找两艘沉没于广东省台山市与阳江市交界海域的东印度沉船。在这次调查过程中，却意外发现一条满载宋代瓷器的沉船，打捞出200多件沉船遗物。这艘沉船的发现立即引起了考古学界的瞩目，而国家文物部门也开始紧锣密鼓地准备对这一古代沉船开展调查、发掘工作。[②]

鉴于当时我国还没有进行水下考古的实际经验，经国务院批准，1989年7月31日—8月1日，俞伟超先生代表中国历史博物馆与日本水中考古学研究所就合作调查发掘广东南海沉船签订了《关于合作进行南海沉船考古调查发掘意向书》和《关于合作进行南海沉船考古调查的协议书》。[③]

①国家文物局水下文化遗产保护中心，中国国家博物馆，广东省文物考古研究所，等．南海Ⅰ号沉船考古报告之一：1989—2004年调查：上［M］．北京：文物出版社，2017：20.

②崔勇．“南海Ⅰ号”的发现与调查［M］//广东省文物局，广东省文物考古研究所，广州市文物考古研究所，等．广东文物考古三十年．广州：暨南大学出版社，2009：576.

③吕章申．中国国家博物馆水下考古成果［M］．合肥：安徽美术出版社，2015：369.

中日联合中国南海沉船调查学术委员会成员合影（右一为俞伟超先生）①

同年11月5—9日，由中国历史博物馆馆长俞伟超先生担任队长，日本水中考古学研究所所长田边昭三教授为副队长的中日联合南海沉船水下考古调查队一行20人，对位于广东台山县以南海域的宋元时期沉船进行了综合性的实地调查，通过调查确认了沉船位置，掌握了海况、海底地貌等资料，为进一步调查发掘打下了基础。②在水下考古工作正式开始时，依照考古工作的惯例，队长俞伟超先生对沉船进行了定名，定名为“南海Ⅰ号沉船”，沿用至今。

1990年2月18—21日，中日联合中国南海沉船调查学术委员会在北京成立，俞伟超先生任委员。③为推动南海沉船和海上丝绸之路的合作研究，1993年3—9月，中日联合举办了“中日南海沉船考古暨海上丝绸之路文物展”，俞伟超先生作为中方代表出席了此次活动。④

①国家文物局水下文化遗产保护中心，中国国家博物馆，广东省文物考古研究所，等．南海Ⅰ号沉船考古报告之一：1989—2004年调查：上［M］．北京：文物出版社，2017：19.
②吕章申．中国国家博物馆水下考古成果［M］．合肥：安徽美术出版社，2015：370.
③同上。
④国家文物局水下文化遗产保护中心，中国国家博物馆，广东省文物考古研究所，等．南海Ⅰ号沉船考古报告之一：1989—2004年调查：上［M］．北京：文物出版社，2017：23.

俞伟超先生出席在日本举办的“中日南海沉船考古暨海上丝绸之路文物展”（右二为俞伟超先生）[①]

“南海Ⅰ号”的调查、发掘离不开俞伟超先生的辛勤付出，即使在弥留之际，他依然挂念着“南海Ⅰ号”的调查、发掘工作进展。当闻知阳江即将建设水下考古博物馆时，他甚为欣慰，特亲书数言，将“南海Ⅰ号”沉船与沉没于1545年的英国战舰玛丽·露丝号相提并论：[②]

商船战舰　东西辉映

十九世纪中叶开始，人类已从地下寻找自己的以往历史。

二十世纪四十年代法国海军在世界大战中发明水肺，人类又能从水下寻找自己的一部分历史，科学的水下考古学也发展起来了。

至今，英国在朴次茅斯海港建设的玛丽·露丝号沉船保存和展出场地，是耗资最巨大的水下考古博物馆。玛丽·露丝号沉船是一艘战舰，十六世纪时在英吉利海峡沉没。

①国家文物局水下文化遗产保护中心，中国国家博物馆，广东省文物考古研究所，等．南海Ⅰ号沉船考古报告之一：1989—2004年调查：上［M］．北京：文物出版社，2017：23.

②同上书：2.

我国于广东省台山县海域打捞出一艘南宋沉船，今在阳江市建设巨大的保存和陈列馆舍。台山南宋沉船的年代比玛丽·露丝号更早。两艘木船，一为商船，一为战舰，一在东亚，一在西欧，正好东西辉映，是水下考古发展起来后所有成果中极为明亮的两颗珍珠！

二〇〇三年十一月十日凌晨喜闻阳江建设水下考古博物馆深为欣慰，特书此数言，以作纪念。

俞伟超

于广东省人民医院保健楼综合内科601病房

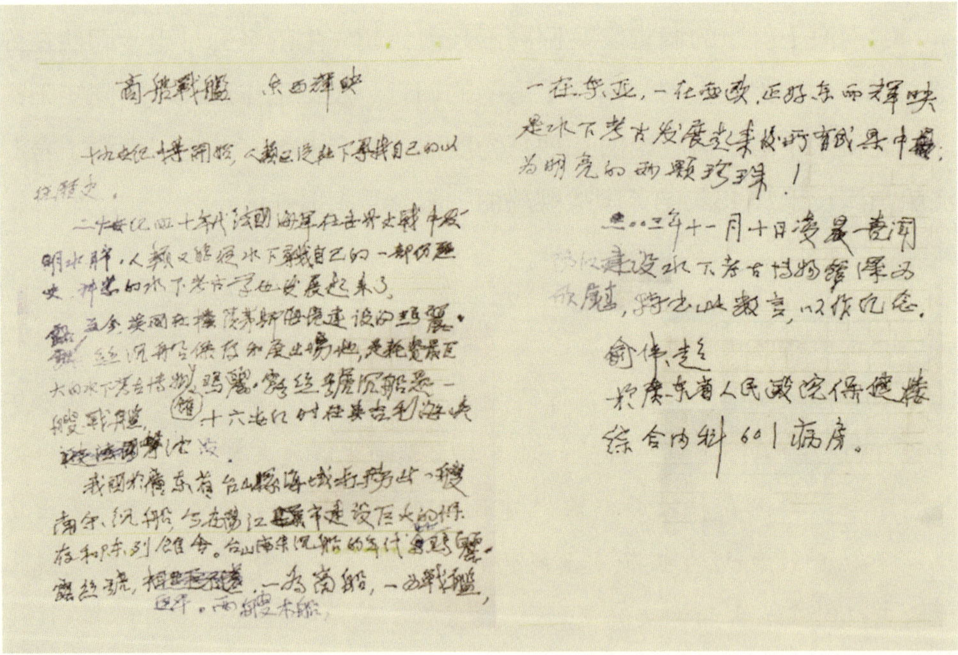

商船戰艦 東西輝映

十九世紀開始，人類已經在地下尋找自己的歷史。

二十世紀四十年代法國海軍在世界大戰中發明水肺，人類又能從水下尋找自己的一部份歷史，神秘的水下考古學也發展起來了。

至今英國在樸茨茅斯建設的瑪麗·露絲號沉船保存和展出場地，是耗資最巨大的水下考古博物館。瑪麗·露絲號沉船是一艘戰艦，十六世紀時在英吉利海峽沉沒。

我國於廣東省台山海域打撈出一艘南宋沉船，今在陽江市建設巨大的保存和陳列館舍。台山南宋沉船的年代比瑪麗·露絲號更早。兩艘木船，一為商船，一為戰艦，一在東亞，一在西歐，正好東西輝映，是水下考古發展起來後所有成果中最為明亮的兩顆珍珠！

二〇〇三年十一月十日凌晨喜聞陽江建設水下考古博物館深為欣慰，特書此數言，以作紀念。

俞偉超

於廣東省人民醫院保健樓綜合內科601病房。

俞伟超先生手迹[1]

①国家文物局水下文化遗产保护中心，中国国家博物馆，广东省文物考古研究所，等．南海Ⅰ号沉船考古报告之一：1989—2004年调查：上［M］．北京：文物出版社，2017：3-4．

俞伟超先生虽已离世，但是在中国包括“南海Ⅰ号”在内的水下考古之路上，在印刻着他足迹的地方，有更年轻的脚印在继续向前延伸。[①]

参考文献

[1] 吕章申．中国国家博物馆水下考古成果［M］．合肥：安徽美术出版社，2015.

[2] 方华．与掩埋的“历史”对话——记考古学家俞伟超［J］．国际人才交流，1998（8）：33-40.

[3] 罗泰．俞伟超先生学术评传［J］．中国历史文物，2009（3）：7-18.

[4] 石俊会．广东水下考古的发展［J］．四川文物，2006（1）：27-33.

[5] 广东省文物局，广东省文物考古研究所，广州市文物考古研究所，等．广东文物考古三十年［M］．广州：暨南大学出版社，2009.

[6] 国家文物局水下文化遗产保护中心，中国国家博物馆，广东省文物考古研究所，等．南海Ⅰ号沉船考古报告之一：1989—2004年调查：上［M］．北京：文物出版社，2017.

[7] 崔勇．“南海Ⅰ号”的发现与调查［J］．中国文化遗产，2007（4）：10-18.

①崔勇．“南海Ⅰ号”的发现与调查［J］．中国文化遗产，2004（4）：12.

浅谈田野考古与水下考古

赵 峰

考古学是以实物资料来研究人类古代历史的一门学科。作为考古学研究对象的实物资料，主要包括遗迹和遗物两大类。传统上，遗迹遗物资料是通过田野考古来获取的。田野考古学的出现是近代考古学的主要标志，而在此之前的只能称为金石学或者古玩学。

尽管后来多种科技手段和新技术相继运用到田野考古中，但考古学家对于水下领域仍然是望洋兴叹。其实早在15至16世纪，西方已经开始了对水底文化遗存的探索，但真正能让探索变成现实的是第二次世界大战后自携式水肺潜水（SCUBA）的发明，轻量化、便携式的潜水设备使得考古学家潜入水底进行一段时间的考古工作成为可能。美国考古学家乔治·巴斯（George Bass）于1960年在土耳其格里多亚角（Cape Gelidonya）沉船遗址进行的调查与发掘，宣告了水下考古学的诞生。至此，获取考古研究实物资料的途径除了田野考古外，又多了一个——水下考古。

水下考古学是英文underwater archeology的直译，它是由field archeology（即传统的田野考古学）派生出的一个名词，是田野考古学在水域的延伸。水下考古学的主要任务是发现、打捞和研究水底的古代沉没物，如沉船和淹没于江河湖海中的都市、聚落和港口遗址等。水下考古学可为研究古代造船术、航海术、水文变化、海上交通和贸易等提供重要的资料。

一、田野考古与水下考古的相同之处

田野考古和水下考古作为考古学获取实物资料的重要方式，都包含考古调查、考古发掘、资料整理和报告编写四个过程。

1. 考古调查

考古调查是发掘前的准备工作。考古调查有助于初步判断遗址或者遗迹的性质、分布范围、保存情况以及与周边地理的关系，有些时候调查工作本身就可以作为单独的一项考古工作，解决某些考古学上的问题。

田野考古和水下考古一样，调查前都需要查阅文献和资料，找出相关的文字记载；或者走访当地居民或渔民，了解附近是否有相关古迹或古物，在田间耕作或出海捕鱼拖网时是否有陶瓷片之类的遗物发现；或者访问当地博物馆和私人是否有相关的收藏。前期调查后，就要进行实地勘察，寻找遗址遗迹现象并对其分布和性质做大致了解。

无论是田野考古还是水下考古项目，抢救性发掘占相当一部分。很多遗址或者遗迹的发现都带有一定的偶然性，例如在工程施工、田间耕作、出海拖网以及盗掘盗捞的过程中发现。“南海Ⅰ号”就是在海上搜寻打捞工程中意外被发现的。

2. 考古发掘

田野考古发掘采用探方或者探沟方式，按照考古地层学进行发掘，准确记录每件遗物出土的位置并做好文字、绘图、照片等发掘资料的记录。水下发掘也是一样的，不同的是由于受到水流和能见度的影响，水下布设的探方多为钢结构的硬质探方，且探方面积较小，而且水下绘图和摄影的难度都比陆地要大很多。

3. 资料整理

出土或者出水器物经过登记编号后，要依据器物的材质、器型或用途，分成若干个大的类别，还要根据某一因素或者几个因素，分成若干小的类别，并在每个类别中挑选出代表器物，进行测量、考古器物绘图、拍照、形态功能文字描述以及器物的断代。文化遗产的断代是考古资料整理的一项重要内容。断定年代可以依据出土或者出水遗物中的文字材料，比如文字纪年；或者运用考古地层学研究和类型学研究；或者利用自然科学断代方法，如碳十四、热释光、古地磁断代等。

4. 报告编写

考古调查和发掘的结果都应以报告的形式发表，以便让他人使用考古资料。发掘报告的内容一般包括三个部分：

（1）绪论。包括遗址或者遗迹的位置和所处的地理环境、古今地理沿革、发掘的历史和前人的工作、发掘经过、发掘单位、参加发掘的人员、发掘方法等。

（2）正文。包括文化层的堆积、遗址遗迹的描述。

（3）结论。包括文化遗存的时代和性质、年代和分期、发掘收获和尚需解决的问题。

在报告的结构上，田野考古和水下考古是一致的。值得一提的是，单纯的考古调查也需要将调查经过和成果编写成报告或者简报。

二、田野考古与水下考古的区别

受制于工作对象埋藏环境不同，水下考古与传统的田野考古还是有一定的区别。

（1）水下考古的工作环境要比田野考古的工作环境复杂和恶劣得多。田野考古发掘除了下雨天，其他时间基本都能进行；而水下考古的客观制约因素则较多，如潮汐、潜水深度、能见度、水流速、水温、水肺潜水中氮醉和氧气暴露值等。水下考古除了需要从业人员具有一定的潜水技能和过硬的心理素质外，还得有必要的安全保障装备。田野考古只需要探铲、手铲、皮尺、纸笔和相机等普通工具，便能完成一个遗迹或者遗址的调查和发掘；而水下考古则麻烦得多，需要能在水面移动的工作平台或者工作船、减压舱、起重设备、潜水设备、空压机、水下相机等。田野考古调查更多的是在地表断面、断层处或者用探铲打入地下提取土样来寻找遗物或者遗迹现象，观察地形虽然也运用航拍、遥感、磁力探查、地抗力探索等自然科学手段，但主要还是靠肉眼直接观察。水下考古调查则看不到地形起伏，大海茫茫，极难直接观察到遗迹遗物现象，所以水下考古对于声呐、浅地层剖面仪、磁力计、GPS定位仪、水下机器人等物探科技装备的依赖程度要远远大于田野考古。

“南海Ⅰ号”被发现后，由于当时没有条件进行定位，如何再次找到沉船也变得非常困难。1989年的中日联合调查因海面风浪大、水下能见度极差，仅发现瓷器残片，只能确定沉船的大概方位；时隔10多年，2001年的调查在旁侧声呐、浅地层剖面仪、差分GPS等先进科技手段的帮助下，水下考古专业人员首次在水下探摸到了沉船遗址并做了精确定位。

（2）人是生活在陆地上的，这就决定了古代人类活动留下的遗存绝大部分是分布在陆地的，陆地的文化遗存无论广度还是深度都是水下无法比拟的。田野考古的对象是广阔的、丰富的、连续的、彼此相关的，比如大型城址、聚落生活居址、作坊等遗址，以及墓葬、灰坑、窑址等遗迹，往往形成区域性的考古学文化。相对而言，水下考古的对象则是局限的、单纯的，甚至是孤立的，比如作为目前水下考古工作重点的沉船遗址。资源和信息蕴含量的巨大差别，使得田野考古相对水下考古受重视程度高很多。田野考古经过一个多世纪的发展，无论是理论体系、技术手段，还是所构建的考古学文化体系都已经成熟；而水下考古才经过半个世纪的发展，无论是在学科理论建设，还是在水下考古学区域文化构建方面都还有很长的路要走。水下考古很多时候还是看运气，导致目前掌握的水下文化遗址多是零星的或是分散的，难以形成系统的研究体系。

（3）考古地层学和类型学作为考古学的两大学科理论基础，虽然都适用于田野考古和水下考古，但在水下考古中的作用显然没有在田野考古中那么重要，尤其是作为次生文化的沉船。沉船本身是某个时间点的凝固，其内部堆积是没有早晚关系的，有的只是刚沉没后的上下关系，之后的外部堆积则多是没有人类活动的自然堆积。就算淹没在水下的城址一类原生性考古学文化遗存，在水底进行土质土色等考古地层学研究也是难以实现的。作为目前水下考古主要对象的沉船，包含的基本上是同一时期的器物，所以也不存在考古类型学上先后的演变关系。

需要强调的是，田野考古和水下考古只能定义其工作对象——遗址遗存现在的状态，是位于水下还是陆地上，跟遗址的考古学断代和考古学文化性质的界定没有必然关系。有些水下遗迹曾经是在陆地上，只是后来被淹没了，例如丹江口库区均州古城遗址、西樵山采石场遗址。某些水下遗址，由于水位下降或者干涸，从水下遗址变成陆地遗址，例如泉州湾后渚港宋末沉船遗址。水下的也可以是大陆性文化，陆地上的也可以是海洋性文化。同一个考古学文化，可以既有陆地上的也有水下的。

综上，田野考古和水下考古都是考古学中获取资料的重要方式，这是二者最本质的联系；而前者是在陆地进行的，后者是在水下进行的，这是二者最根本的区别。

水下考古设备探秘

林唐欧

海洋面积占地球总面积的70%以上。人类活动和江河、海洋等水域息息相关，生产生活都离不开水。从远古开始，人类就依靠水而生存，甚至逐水而居或者傍水而居，一切的文明大都起源于大江、大河、海洋的旁边，如著名的爱琴海文明、希腊文明、地中海文明等。随着水下考古学的兴起，因科技发展为其提供了保障，水下考古也越来越受到重视，那些湮没在水下的历史逐渐进入人们的视野和研究的范围。

一、水下考古的定义和研究范围

水下考古学是考古学的一门分支学科，是陆地田野考古向水域的延伸。它以人类水下文化遗产为研究对象，对淹没于江河湖海下面的古代遗迹和遗物进行调查、勘测和发掘，运用考古学所特有的观点和研究方法作为认识问题的手段并使其发挥应有的作用。

考古学属于历史科学的一部分，但又区别于传统意义的历史科学。历史科学以文献资料为主要研究对象；而考古学中实物资料占据了很大的比重，以获得实物为基础对实物进行研究。获得考古学成果的科学手段有以下四步：调查、发掘、报告数据和研究分析。在进行科学的研究时可以通过田野考古和水下考古等手段按照科学的方法记录和获取资料。

水下考古的方法和田野考古的方法原理相同，但同时，水下考古学又是一门边缘学科，依靠现代的科技深入到水底下对遗址遗物进行实地的观察、发掘和记录，难度很大，需要更多相关学科的技术支持，如潜水工程技术、海洋勘探技术等。在工作中使用大量专门技术，目的是解决水下作业的难题。20世纪初已有水下考古调查，但直至第二次世界大战后，潜水技术和装备获得发展，水下考古学才得以建立。

水下考古研究的范围很广，历史上由于地震、火山喷发、海啸等自然灾害，一些位于水边的居址、港口，沉没的村庄、城市墓葬，以及古代航线下还保存有大量古代沉船和文物等，这些都是水下考古研究范畴。水下考古除发掘水下的古代遗址、打捞沉船和水下文物外，还研究古代造船术、航海术、海上交通和贸易等相关的文献。

二、世界水下考古发展情况

从世界范围来讲，水下考古的历史并不长。19世纪30年代，因为潜水面罩的问世，人类向水底世界跨出了重大一步。1943年法国人发明了“水肺”，解决了10米以下的水下呼吸问题，考古学者终于摆脱了对职业潜水员的依赖。

水下考古中的拍照、绘图工作

自19世纪中叶近代考古学诞生以后，瑞士湖上居址的确认，以及水下古代遗迹的科学调查和发掘，标志着水下考古学的确立。1960年美国考古学家乔治·巴斯应邀对土耳其格里多亚角海域的公元7世纪拜占庭时期沉船遗址进行调查和发掘，是考古学家第一次将考古方法应用于水下遗址的发掘和研究，开创性地在水下实践了考古学方法。这是水下考古学发展史上的一个里程碑。

三、中国水下考古发展

中国的水下考古工作起步较晚，始于20世纪80年代。1986年9月，国家决定发展水下考古事业。国家文物局委托中国历史博物馆承担了这项国家任务，为此设立了当时中国唯一的水下考古科研机构——水下考古学研究室。

1987—1990年，我国通过派人出国学习和与外国水下考古研究机构合

水下考古中的录像工作

作的方式，培养了一批水下考古专业人员。经过十余年的努力，这支专业队伍在中国的四大海域——渤海、黄海、东海、南海先后进行了多项水下沉船遗址及其他水下文物遗迹的调查、发掘工作。目前中国的水下考古事业不仅填补了该学科的空白，而且已从开创阶段进入持续发展阶段。

随着一系列重大水下考古和保护项目的开展，更好地完成了跨地区、跨部门的全国水下考古工作。其中的宋元海战沉船水下考古，在1991年和1992年，水下考古队在广东省新会县先后3次进行水下调查，确定了几个史书所载的宋元海战沉船点。绥中水下考古，在辽宁绥中发现一艘700多年前满载元代瓷器和铁器的商船。抚仙湖水下考古，在2001年6月对云南抚仙湖进行水下考古，开启了在水下进行大型遗址调查的考古。

“南海Ⅰ号”考古始于1987年，广州救捞局与英国海洋探测公司在阳江海域寻找东印度公司沉船时，意外发现一艘宋代商船。考古界认为可能与海上丝绸之路有关，该船被命名为“南海Ⅰ号”。2007年11月，“南海Ⅰ号”整体打捞成功并入驻广东海上丝绸之路博物馆。

“南海Ⅰ号”水下考古的成功，标志着中国的水下考古进入成熟的阶段，跻身世界水下考古的前列。“南海Ⅰ号”成为世界水下考古著名三大沉船（英国“玛丽·露丝号”，瑞典“瓦萨号”，中国“南海Ⅰ号”）之一。

四、水下考古技术

水下考古技术可分为人员潜水技术与物探设备技术两方面。

1. 人员潜水技术

潜水按照工作性质或者潜水的难度来区分，一般分为休闲潜水（recreational diving）、技术潜水（technical diving）和工业潜水（commercial diving）。

休闲潜水泛指观赏、娱乐性的潜水活动，通常深度不大于40米。技术潜水泛指具挑战性的潜水活动，如超深度的潜水，探测水底洞穴、沉船等的潜水活动。工业潜水泛指含工业性质的潜水活动，如水下工程、船舶工业等。

基本的潜水面镜、呼吸管和蛙鞋为潜水的必备物品，这几样装备同时也应用于浮潜。专用于水肺潜水的有浮力调整装置、气瓶、气瓶阀、呼吸器、调节器和压力表。

水肺潜水又称 SCUBA Diving （SCUBA，self-contained underwater breathing apparatus），指潜水员自行携带水下呼吸系统所进行的潜水活动。其中有开放式呼吸系统及封闭式呼吸系统，原理都是利用调节器装置把气瓶中的压缩气体转化成可供人体正常呼吸的气体。

开放式呼吸系统相对较简单，亦为现时较多人使用的器材，此系统供应呼吸用气体（压缩空气）。封闭式呼吸系统又称循环式呼吸器，此系统提供经呼吸循环，可充分利用呼吸器里的氧气，延长潜水时间。潜水员使用供气后，系统会将二氧化碳吸收，并重新注入适当氧气，再供应给潜水员。

此类装置可提供压缩空气、高氧或多种混合气体给潜水员使用。针对不同的潜水时限、深度使用不同的气体，以预防潜水员病（又称“减压病”）或氧气中毒。

从事水下考古的队员必须接受潜水培训，在开放水域里掌握潜水技能，以达到技术潜水的要求，还要增加沉船潜水、深潜以及掌握一定的潜水医学、救援知识的训练，提高个人的体能和心理素质，并且要接受更为专业的与考古知识相关的培训。除了具备在水下实际操作探方、进行测量绘图、拍照摄像等能力，还要了解外销瓷窑口生产销售情况、古代航海、造船史、航线、海洋地理环境等知识。少数水下考古队员还持有独立驾驶舟船、快艇等船舶的执照。

水下考古中的布置探方及提取遗物工作

五、物探设备技术

水下考古除了考古人员亲身潜入水下之外，很多地方必须依靠现代科技设备。水下考古所用的物探设备，主要包括多波束水下声呐、浅地层剖面仪、旁侧声呐、短基线系统、水下机器人（ROV，remotely operated vehicle）等。这些设备吊挂在船舷上，探头下放至水中，在船只行进的同时，就可以实时反映海底结构，并呈现海底地形三维成像图，让考古人员对海底情况有较为直观与全面的了解，便于在大范围内广泛探测、发现水下文物遗存。

1. 多波束水下声呐

声呐是英文缩写“SONAR”（SONAR，sound navigation and ranging）的音译，其中文全称为“声音导航与测距”，是一种利用声波在水下的传播特性，通过电声转换和信息处理，完成水下探测和通信任务的电子设备。它有主动式和被动式两种类型，属于声学定位的范畴。声呐是水声学中应用最广泛、最重要的一种装置。声呐的工作原理可概括为“通过声音来探测海底世界”。笼统地说，海水中的声波是唯一能远距离

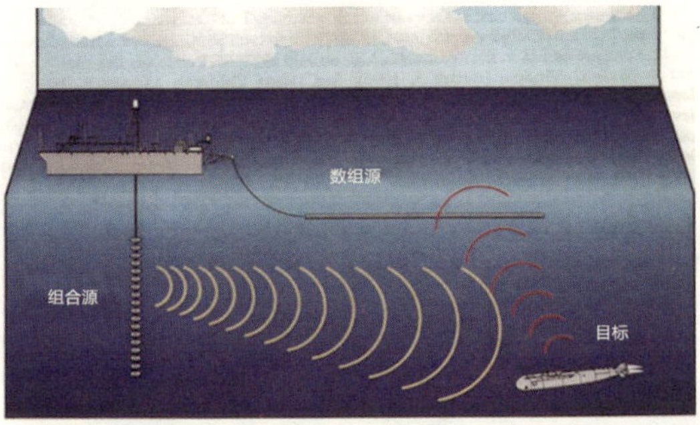

声呐工作原理示意图

声呐

传播的能量载体，声呐先用声源（声呐的换能器）发出声波，声波照射到水中的物体（鱼类、潜艇等）后反射回来。利用不同的物体反射声信号的强度和频谱信息不一样的特征，声呐的接收设备在接收到这些包含丰富内容的信息后经过数据处理，再与数据库里面的数据比照，就能判断照射的物体是什么，甚至能判别其航速、航向。

有趣的是，英文“sound”一词作为名词有“声呐”的意思，作为动词有“探测”的意思，可见声呐与探测的关系之紧密。

在水中进行观察和测量，具有得天独厚条件的只有声波。这是由于其他探测手段的作用距离都很短：光在水中的穿透能力很有限，即使在最清澈的海水中，人们也只能看到十几米到几十米内的物体；电磁波在水中衰减太快，而且波长越短，损失越大，即使用大功率的低频电磁波，也只能传播几十米。声波在水中传播的衰减就小得多，在深海声道中爆炸一个几公斤的炸弹，在2万千米外还可以收到信号。低频的声波还可以穿透海底几千米的地层，并且得到地层中的信息。在水中进行测量和观察，至今还没有发现比声波更有效的手段。

浅地层剖面仪

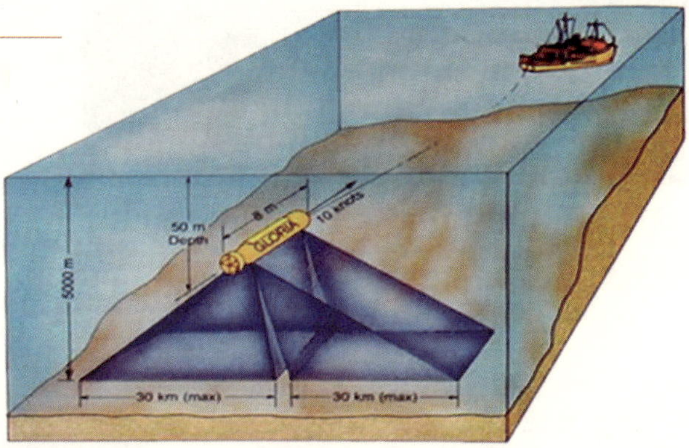

浅地层剖面仪工作原理示意图

2. 浅地层剖面仪

浅地层剖面仪是利用声波探测浅底地层的剖面结构的仪器。

浅地层剖面仪是在超宽频海底剖面仪基础上改进，对海洋、江河、湖泊底部地层进行剖面显示的设备。结合地质解释，其可以探测到水底以下地质构造情况。该仪器在地层分辨率和地层穿透深度方面有较高的性能，并可以任意选择扫频信号组合，现场实时地设计调整工作参数，也可以测量在海上油田钻井中的基岩深度和厚度，探测深度一般为几十米。它是一种在海洋地质调查，地球物理勘探和海洋工程、海洋观测、海底资源勘探开发、航道港湾工程、海底管线铺设中广泛应用的仪器。20世纪60年代后广泛应用于海洋地质调查、港口建设、航道疏浚、海底管线布设，以及海上石油平台建设等方面。该仪器具有操作方便、探测速度快、图像连续等特点。

随着科技的发展，三维扫描成像技术广泛应用到水下考古中，让人们能够更直观地观察水下的情况。水下机器人的应用使深海考古也成为可能，经过2018年南海的深海考古，中国已经进入少数几个能进行深海考古的国家行列。

中国在水下考古方面发展迅猛，也取得了举世瞩目的成就。水下考古的发展，也让更多的人了解海洋，了解人类的海洋活动。

参考文献

[1] 小江庆雄. 水下考古学入门 [M]. 王军，译. 北京：文物出版社，1996.

我国水下文化遗产保护若干案例介绍

赵 峰

我国水域辽阔，蕴藏着丰富的水下文化遗产。30多年来，我国开展了很多水下文化遗产保护项目，水下文化遗产保护事业蓬勃发展并取得了丰硕的成果。

关于水下文化遗产的保护，联合国教科文组织颁布的《保护水下文化遗产公约》有明确的内容，目标总则第五点指出，“在允许或进行任何开发水下文化遗产的活动之前，就地保护应作为首选”。将原址保护作为保护水下遗存的最主要原则之一，一是因为文物提取后将脱离原来的保存环境，例如从海水到陆地、从低温到高温、从低氧到富氧，这些保存环境的改变难免会使文物保存性状发生变化；二是因为目前出水文物保护水平与现实工作需要还有一定的差距，尤其是有机质文物。限于文物保护水平的制约，提取的文物很多时候得不到恰当的保护。

对于水下遗产保护，我国也是遵循“最小干预”原则。如果进行一定的调查、发掘、提取考古资料后，对遗址性质能有一定的了解，且遗址没有被破坏的风险，那么工作就到此为止，或回填，或就地加固进行保护，并开展持续的监测、评估和回访，以确保原址保护的长效性。但是如果遗址有被破坏的风险，很多时候就需要做进一步的发掘保护工作。很多沿海海域的沉船遗址，由于面临着非法打捞的风险，我国选择了发掘或者打捞后再放到博物馆进行保护。同时，工作做到哪一步，采取何种保护措施，也受到遗址所处自然地理环境因素的影响，包括水文情况、海底淤积类型、海底能见度、气候等。下面结合几个我国水下文化遗产保护案例来说明。

一、广澳港南明沉船遗址

1995年冬，在广东省汕头市广澳深水港码头的港池清淤工程中，发现一艘沉船，清淤用的大型耙吸式抽泥船抽出了沉船的船板和部分沉船遗物。1996年1月，广澳港开展第一次水下考古调查工作，由于当时的水下能见度很低，只能够靠潜水员双手探摸，在清淤留下的深坑内探摸到龙骨等船体。1997年打算对沉船进行抢救性发掘时，却发现由于进出船只的搅动，港内悬浮的淤泥已经将沉船埋在淤泥下3米到7米的位置。当时共采集阴刻“国姓府”铭文铜铳2件、铜暖壶1件，阳刻“藩前忠振伯前镇前协关防”“礼部造”铭文铜印2枚，此外还有部分残碎瓷器，这些可能是南明政权所封郑成功部将洪旭的船只遗存，为研究南明史和郑成功史提供了宝贵的实物资料。[①]

由于已经采集到一些文物，而且探摸到沉船，对于遗址的性质有了一定的了解，加之后面淤泥回填后，船体已经被淤泥覆盖较深，虽然位于港口内但暂时没有被破坏的风险，而且该港口水底能见度太差，进一步的工作将很难进行，所以工作做到调查这一步就可以了，没必要也难以再开展进一步的工作。

二、“华光礁Ⅰ号”沉船遗址

“华光礁Ⅰ号”沉船遗址位于西沙群岛华光礁礁盘内侧，1996年由渔民发现，1997年曾遭盗掘，沉船遗址破坏严重。2007年3—5月及2008年11—12月，水下考古队对“华光礁Ⅰ号”沉船遗址进行了两个阶段的发

①崔勇．汕头市广澳港南明沉船调查［J］．文物，2000（6）：44-48．

掘：第一阶段，主要是完成沉船遗址的全面揭露和遗物的提取，并完成了船体全面测绘；第二阶段，主要是进行船体发掘，对船体构件进行编号测绘后，分解并提取运回博物馆进行脱盐、脱水保护处理。发掘出水遗物近万件，以瓷器为主，还有部分铁器、铜镜、铜钱等。沉船只剩船底且已经散架，船体水平残长18.4米、残宽9米。“华光礁Ⅰ号”沉船，因其沉没于海上丝绸之路南海主航线上，为研究南宋海上丝绸之路和海上贸易提供了重要的实物资料。

“华光礁Ⅰ号”沉船由于沉没在礁盘内，沉船底为硬质礁盘，文物和船体基本都裸露在礁盘上，富氧的环境以及海浪的涌动极不利于船体的保护；加之该地水浅且能见度极好，过往船只和渔民都能轻易获取文物，文物很容易被非法打捞，同时，极好的能见度使得水下发掘、船板提取和信息记录工作变得相对容易；而且，由于沉船本身保存较少且已经摊开，拆解船体对船体本身造成的损坏较小，后期的再拼装也相对容易。综合考虑以上因素，“华光礁Ⅰ号”沉船遗址采取了文物加船体全部发掘的保护方式。

三、“南澳Ⅰ号”沉船

“南澳Ⅰ号”沉船位于广东省汕头市南澳海域，距离南澳岛最近的距离约2海里。沉船由盗捞发现于2007年5月，同年6—7月，通过潜水调查确认了沉船位置；2010—2012年，连续三年对沉船进行水下考古发掘和保护。经过三年的发掘，出水各类文物约3万件，包括瓷器、陶器、金属器、石器、骨器、漆木器及各类有机遗存，出水铜钱近2万枚。其中，瓷器数量最大、品种繁多，产地以漳州窑为主，部分来自景德镇窑。根据出水瓷器的特征，推断其所处年代应为明嘉靖时期，下限不晚于明万历时期。“南澳Ⅰ号”沉船的基本结构得以揭露，该船长约24米、宽约7米，共发现25个隔舱。考古发掘工作结束后，船体以覆盖金属框架的方式进行原址保护。

“南澳Ⅰ号”沉船大约有一半船体裸露在海底泥沙上面，大部分已经被侵蚀干净，但船体的底部保存得较为完整。“南澳Ⅰ号”沉没区域水深26米，海底主要为沙底，所以能见度较好，一般有2米左右。空气潜水深度范围内的水深和较好的能见度，使得“南澳Ⅰ号”水下考古工作较易实现。被非法打捞的风险，使得“南澳Ⅰ号”水下考古发掘保护工作亟须开展。经过三年的工作，除了凝结物之下难以提取的部分，船上的文物基本提取完毕，也就是说容易被盗捞的文物基本上都被提取了，剩下的就是难以被盗捞的船体和凝结物。剩下的部分用一个金属框架罩住，除了防止非法打捞外，还可以防止捕鱼拖网破坏船体。从船载文物和船体不同特点以及所面临的不同程度风险的角度出发，“南澳Ⅰ号”采取了部分发掘部分原址保护相结合的方式。

四、白鹤梁题刻水下遗址

三峡白鹤梁题刻位于重庆市涪陵区城北长江之中，下距乌江与长江汇合处约1000米。白鹤梁是一天然砂岩石梁，长约1600米，宽10～15米，东西向延伸，与长江平行，因早年白鹤群集梁上而得名。历史上人们于江水特枯年份在涪陵城北露出的长江石梁上标石鱼、刻文字，标识枯水水位，记录了唐广德元年（763年）至1963年1200年间72个年份的长江枯水情况。受此影响，历史上涪州地方官员和行经此地的达官贵人与文人墨客及当地民众会于长江水枯之年，登临游览白鹤梁并吟咏题刻诗文、游记，成为独特的人文景观。白鹤梁题刻以独特的水文价值和厚重的人文积淀备受关注，1988年被国家确定为全国重点文物保护单位，联合国教科文组织称其是“世界保存完好的唯一古代水文站”。三峡库区蓄水后，白鹤梁题刻将永远沉于江中，为保护这一世界水文奇观，经多方科学论证，在众多保护方案中选择了“原址保护”。

白鹤梁水下遗址的原址保护是通过“无压容器”的方式来实现的，就是在白鹤梁原址修建一个长70米、宽24米的椭圆形壳体，壳体内设一个庞大的水循环系统，源源不断地将水抽到岸边陈列馆设立的净化缸里，经过沉淀、消毒、活性炭去淤，再置换清水输入保护体内，使壳体内外水压力平衡。人们可以通过电梯直达江心近距离参观白鹤梁题刻。在1000多米的石刻中，放在无压容器内保护的是白鹤梁中段石刻丰富和保存较好的两三百米，其余部分的石刻用特殊材料封护后让其直接留在江底。

白鹤梁之所以采取原址保护的方案，除了其独特的水文价值和厚重的人文积淀外，很重要的一点就是它本身是不可移动文物，就算可以对石刻进行揭取也难以避免对石刻的损坏，石刻和梁是一体形成的独特景观，无论哪种保护方案的展示效果都没有原址保护后直接透过亚克力窗观看这么直接。白鹤梁还没有淹没且离长江岸边较近的因素使其“无压容器”原址保护方案施工变得相对容易，这也是方案得以实行的原因之一。出于长久保存白鹤梁石刻水下遗址并以最好效果展示的考虑，采取的是封护后原址保护的方式。

五、“南海Ⅰ号”沉船

“南海Ⅰ号”沉船是一艘沉没在广东省阳江海域的南宋贸易商船，满载的船货以瓷器为大宗，景德镇窑、德化窑、龙泉窑、闽清义窑、磁灶窑五个窑口生产的外销瓷占绝大多数。铁器在船上也占较大比重，以成捆铁条和成摞铁锅形成的凝结物为存在形式。还有数万枚铜钱、数百件银铤和少量精美的漆器、金器。“南海Ⅰ号”保存较好的船体，清晰的船体结构为研究宋代造船史提供了在很多方面绝无仅有的宝贵实物资料。

“南海Ⅰ号”自1987年发现以来，沉船经过多年的调查试掘和方案论证，于2007年底整体打捞出水，采用的沉井穿底梁整体打捞为世界首创。作为中国水下文化遗产保护工作开展最早、持续时间最长的项目，“南海Ⅰ号”无疑是中国水下文化遗产保护的一号项目，其发现加速了中国水下考古的发展，从海底数次调查试掘到整体打捞再到全面发掘，更是见证了中国水下文化遗产保护事业的发展。

“南海Ⅰ号”沉没地点离珠江口较近，深度为24~26米，海底为泥质夹杂有少量细沙，主要由珠江等河流带来的陆源沉积物堆积形成，海底能见度几乎为零，所以文物的完全提取和文物信息的采集在现场发掘时很难做到。另外，虽然船体是大部分掩埋在淤泥里的，但是由于淤泥本身较软，渔民拖网很有可能对文物和船体造成破坏。据早期潜水调查的队员说，一开始“南海Ⅰ号”沉船遗址表面还发现有桅杆，到后来就没有了，应该是被来往此地的渔船拖网作业破坏了。在海底能见度几乎为零的情况下，怎样保护好这个面临着被破坏的重要沉船遗址，成为当时我国水下文化遗产保护事业最棘手的问题。最后经过多方反复论证，采取了整体打捞的方式，即把整艘船打捞上岸，然后在室内按照田野考古方式进行发掘，这样在保证文物完全提取和船体完整保存的同时，也采集到了很多在水下无法提取的重要文物信息。

综上，从文物长久保存的基本点出发，我国水下文化遗产保护以原址保护为主要原则之一，同时也结合遗址本身的特点以及所处自然地理环境因素，采取恰当的保护方式。

“南海Ⅰ号”沉船发掘现场

结合水下考古实践谈水下探摸方式

田国敏

水下考古作为考古学获取实物资料的重要方式，包含考古调查、考古发掘、资料整理和报告编写四个过程。水下遗址的调查是水下考古工作开展的首要环节。

水下遗址的调查工作，包括在文献档案中寻找水下遗址的背景线索和通过从事水上生产实践的渔民、驻军和科研部门获得线索。从文献档案和生产实践中获得的背景线索，需要在水下考古调查中予以证实。考古工作者依据所掌握的水下遗址的可能位置、内涵、所处水中环境状况等背景线索，就可以将调查、搜寻范围限定在一定区域内，并结合背景状况选择恰当的调查、搜寻方法。

水下遗址的调查、搜寻方法包括遥感物探和水下探摸两种。

2011年考古队员在北渔山岛大岙底海域船潜

2015年考古队员在上川岛海域开展水下考古调查

水下考古调查人员需要以此为向导，运用各种人工搜寻方法进行水下探摸，采集标本，确定遗址的存在和性质。

总结中国水下考古事业30多年发展的经验，考古队员水下探摸依据行进方向和路线，可分为直线搜寻、圆周搜寻和矩形搜寻三种基本方式。

一、直线搜寻

直线搜寻是指水下考古队员在水下按照既定的方向、采取直线潜游的方式对水下遗存开展的搜寻调查。实际操作中，首先在拟进行探摸的水域，间隔一定的距离（通常是40~50米），分别投下中间连有导向绳的两只铁砣（沉块），而导向绳两端则通过入水绳与水面浮标相连，然后使用GPS定位系统确定基点的地理坐标。调查队员从一处浮标沿入水绳下潜至铁砣位置，通过局部调整使两沉块之间的距离和导向绳的方向符合搜寻计划要求，再沿着导向绳向另一只铁砣潜游来完成对文化遗存现象的搜寻、探查。

二、圆周搜寻

圆周搜寻是指水下考古队员在水下以某点为圆心，以不同的半径进行圆周潜游的方式对水下遗存开展搜寻调查。实际操作中，首先投放一只由入水绳连接的铁砣在拟探摸的水体底表作为基点圆心，并使用GPS定位系统确定其地理坐标；入水绳的上端连接水面浮标，作为入水点。调查队员从浮标入水下潜至铁砣处，将随身携带的搜索绳的一端紧扣住铁砣后，再将绳索放出一段合适长度（通常为3~5米）作为半径，逆时针或顺时针作圆周搜寻。搜寻一周后，再将搜索绳适度放长作为下一圆周的搜索半径，直至搜索绳长度（通常为20米）放完为一个搜索周期。当一个搜寻周期没有发现文化遗存现象或者现象不明显，则必须开展下一个周期的搜寻。两个搜寻周期之间必须存在相互叠压、相互覆盖的部分区域，以避免留下调查空白地带。

三、矩形搜寻

矩形搜寻是指水下考古调查队员在设定矩形的方框内，采用直线相向对游的方式对水下遗存进行搜寻调查。实际操作中，首先要制作矩形框，即用两组等长的绳索将四只铁砣两两相连形成矩形，两短边作为导向绳，并利用四条入水绳将每一个铁砣与对应的浮标相连，再将矩形框投入拟调查的水域，然后运用GPS定位系统记录一只铁砣的地理坐标（通常为矩形的西南点），作为坐标原点。两组队员分别自导向绳两端浮标沿入水绳潜至沉块处，移动沉块调整绳索后，互相发出信号开始顺着导向绳相向对游搜寻；潜游到另一长边再将导向绳向矩形中间区域移动适当距离并加以固定，等待对方反馈信号后再开始下一个单边的搜寻，完成整个矩形区域的搜寻为一个周期。如果要开展下一个周期的搜寻，只需将矩形沿其中的一条长边向外对称翻转，形成另一个矩形区域再继续搜寻。

上述三种基本的探摸搜寻方式各有其特点和适用范围。如矩形搜寻的前期准备工作（布设矩形）比较复杂，但比较适合较高的水下能见度和比较平坦的水底地貌；直线搜寻操作起来简单易行，比较适合水底地貌高低起伏较大、水流较湍急的情况，但搜寻面积较小，不利于开展大面积探摸调查；而圆周搜寻机动灵活，受水底地貌影响较小，比较适合水下能见度较低、水流适中的情况下开展调查。

在实际操作中，考古人员常采用直线搜寻和圆周搜寻相结合的方式，对已发现的遗存进行范围确认。就是将一条搜索绳的一端固定在已发现遗存的中心区域，再将另外一端朝某个方向引出直至遗迹边缘，在外端的一组调查队员再沿着遗迹边缘作半圆周或四分之一圆周搜寻。一般情况下，这样最多只需两组或四组调查人员即可确认遗迹的分布范围。

由于潜水作业的特殊性，各种制约因素较复杂，特别是环境因素，因此每次探摸搜寻前都要事先综合考虑拟调查水域水体的各种环境因素，如水流、潮汐、水下能见度、水底表层等，再制订水下搜寻探摸计划，选择合适的搜寻方式、正确的操作方法进行水下探摸。

水下探摸是由水下考古队员通过潜游的方式来搜寻水下文化遗存的过程。接下来，笔者就以沉没在下川岛大帆石海域的"南海Ⅰ号"为例，谈谈发现"南海Ⅰ号"的三次水下探摸工作。

1987年，广州救捞局与英国海洋探测公司开展技术合作，在阳江海域寻找东印度公司的沉船。1987年6月，广州救捞局的潜水员对发现的一艘沉船进行初次水下探摸时，发现沉船高出海床底泥面约0.8米，表面渔网密布、贝类丛生，无法采集标本。之后，利用船上的抓斗进行试探性采集样本，抓上来的有金腰带、钱币、锡壶、瓷碗、瓷碟等，这艘沉船便是后来被命名的"南海Ⅰ号"沉船。

1989年8月，原中国历史博物馆（现中国国家博物馆）与日本水中考古学研究所达成协议，双方共同组成中日联合南海沉船水下考古调查队，开展"南海Ⅰ号"的调查工作。1989年11月19日，海上强劲的北风减弱，上午9时，广州救捞局的潜水员和日本水下考古队员潜入海底探摸，证实声呐扫测的可疑点是"南海Ⅰ号"上的凝结物，而且表面覆盖着厚厚的渔网，与1987年所见的情况基本相同；9时50分，潜水员返回水面，随后，日方队员吉崎伸和酒田裕下水进行测量，中方队员张威等下水采集到一些青白釉瓷片并带出水面。后经俞伟超先生等考古专家鉴定，认为同1987年出水并收藏于广东省博物馆的瓷器相同，均是宋元时期的瓷器残片。通过这次水下探摸，"南海Ⅰ号"沉船正式得到水下考古工作者的确认。

2001年4月，在得到国家文物局的批准后，以中国历史博物馆水下考古研究中心和广东省文物考古研究所为主组成的"南海Ⅰ号"水下考古队，再对"南海Ⅰ号"沉船进行水下搜寻和探摸。2001年5月17日上午，考古队利用浅地层剖面仪探测到海床淤泥中有凝结物，在张威队长的指挥下，崔勇和其他潜水队员先后下水勘察凝结物的情况并采集了瓷片。通过采集的瓷片，张威确认又找到了“南海Ⅰ号”，随即，利用差分GPS对沉船进行了精确定位。

2001年探摸“南海Ⅰ号”的情况与1987年和1989年的情况比较，相同的发现是“南海Ⅰ号”凝结物表面仍旧覆盖着渔网，最大的不同是沉船上大部分凝结物已经被淤泥覆盖并埋藏。

参考文献

[1] 张辉. 浅谈水下考古之水下探摸 [N]. 中国文物报，2012-9-14（7）.
[2] 张威，吴春明. 海洋考古学 [M]. 北京：科学出版社，2007.
[3] 李岩，陈以琴. 南海Ⅰ号沉浮记——继往开来的航程 [M]. 北京：文物出版社，2009.

水下摄影技巧

刘慧茹

现代摄影一直是陆地田野考古中重要的资料采集方式，水下考古作为田野考古向水域的延伸，也将摄影作为主要的记录手段。水下摄影能够将淹没于水底的遗存及水下工作过程真实地记录下来，在水下考古工作中充当着重要角色。

水下摄影需要潜水员携带特殊的摄影器材潜入水中开展。随着海洋运动的发展，很多厂商推出具备防水功能的相机并配套相机防水壳为人们探索海洋、参与水下摄影提供了必要的工具。除相机外，水下摄影还需要浮力臂、闪光灯等设备。水下相机部件和防水壳多为金属材质，在水中呈负浮力，为减轻潜水员负担、提高水下作业安全性，需要在相机上加装浮力臂以使其达到中性浮力或轻微负浮力的状态。太阳光照射进入水中会发生一定程度的衰减和颜色丢失，在水深较深的地方拍摄时需要使用闪光灯以提供相机曝光所需的亮度并还原色彩。

由于水下环境特殊，在水中拍摄时掌握一些技巧可以帮助我们拍摄出理想的照片。具体包括：

1. 选择拍摄时间

尽量在水下能见度好的时候下水，如果水流情况允许，在阳光高照的时候拍摄。

2. 良好的中性浮力

当不具备触底条件或拍摄特定角度时，潜水员需要悬浮在水中，这时需要掌握良好的中性浮力，才能保持相机的稳定性并减少人为破坏能见度的情况。

3. 接近摄影主题

正如著名战地摄影师罗伯特·卡帕所说，如果你拍得不够好，那是你离得不够近。因水下光线和能见度等条件较空气中差，拍摄时更需要贴近主题，用其填满照片，还可避开会分散注意力的事物。相机维持在广角，越接近拍摄主题越好。

4. 仰角拍摄

以仰角拍摄，可充分利用水面的光线。顺光时提高被摄主体亮度，逆光可拍摄剪影效果。

中性浮力控制水下姿态

仰角拍摄照片

5. 色彩还原

随着水深的变化，光线的亮度及色彩都会发生变化。使用数码相机有三个主要的方式可补偿水底的色彩损失——使用闪光灯、白平衡和滤镜。在水下可以通过调整水底白平衡、使用滤镜或闪光灯的方式，还原照片中的色彩。没有闪光灯时要调整好白平衡及色温，并设置好光圈、快门、感光度等参数。试拍观察效果，直到调整至能够拍出满意的照片，并记住合适的参数。

6. 选择适当的拍摄模式

若设备允许，应尽量选择手动模式（M）（部分相机装上防水壳后不能调节相机快门、光圈和ISO等参数，因此需在下水前将相机参数调好）；如水深、能见度等水底情况不明或多变时，建议使用光圈优先模式（A/Av），通过调整光圈调节进光量，保证照片亮度；拍摄运动物体或水流较急时，建议选择快门优先模式（S/Tv），使用安全快门保证拍到的照片不模糊。

7. 调试白平衡

如相机及防水壳支持水下设置白平衡，建议在水下被摄物附近调节白平衡，当深度和光线改变时需要对白平衡重新调整。

适当的白平衡还原主题色彩

8. 合理使用闪光灯

闪光灯分为外接和内置两种。外接闪光灯是独立的潜水闪光灯，装置在离相机与防水壳有一段距离的地方；内置闪光灯是内建于相机本身的电子闪光灯。随着深度的增加，太阳光中不同波长的光会被逐渐过滤和遮挡，通过闪光灯补光可在一定程度上还原被摄主体颜色。根据实际经验，水底闪光灯最适合在距离拍摄主题不超过1.2米的地方使用。

9. 构图

一般使用九宫格构图法（三分法）：将被摄主体置于距画面边缘1/3处或九宫格的四个交点。画面中有线性主体时可将其沿对角线构图；拍摄特写镜头时尽量将主体铺满画面，或至少铺满画面的2/3；拍摄运动中的主体可采取方向性留白的方式构图，使照片更具动感。利用背景虚化突出主体去除杂物也是常用的构图方法。

对角线构图

10. 选择适当的光圈、快门、感光度组合进行拍摄

如水下能见度较低，光线暗，建议使用大光圈、快速快门组合，并贴近被摄物拍摄。此种组合也可用于拍背景虚化效果，使用长焦并配合闪光灯虚化效果更佳。如水下能见度高、光线好、悬浮颗粒少，可视情况选择小光圈，配合使用广角端拍摄大场景照片，并根据个人中性浮力情况和水

流状况选择适当的快门，快门速度不应低于1/60。如在安全快门下使用最大光圈，图像亮度仍然不够，则通过调高ISO来调整亮度。需注意，过高的感光度会导致照片噪点过多，影响照片质量。拍摄照片后要回看效果，并根据需要调节参数。

11. 删除不满意的照片

拍摄时，要多多拍摄，而且每张都用心拍摄。注意，此举动的目的是从中找出哪些做法可行，哪些不可行。拍摄者可以将拍摄某张照片采用的设定值写在记录板上。在水底拍照，由于相机装在防水壳里，因此可能不容易看清LCD屏幕上的照片全图，因此不建议一边拍摄一边删除，建议在需要释放储存空间时才删除明显拍坏的照片。

12. 后期处理

水下环境有好有坏，拍摄时间往往也有限，在水下拍摄的照片可能有某些方面的不足，利用后期处理软件能够在一定程度上进行弥补，例如运用Photoshop和Photoshop Lightroom等软件对照片亮度、色彩和白平衡等要素进行调节。

大光圈实现背景虚化

摄影的意义在于它的真实性，对于公众难以触及的水下，一图胜千言，水下摄影工作者应有使命感，认真对待每一次拍摄。以上是一些水下摄影应注意的事项和技巧，同样可运用于水下考古摄影工作中，针对不同的遗存及环境灵活应用。此外，水下摄影最重要的技巧就是：勤加练习。

粤港澳木质文物保护一览

——从粤港澳木质文物保护修复培训班谈起

冯正腾

2018年10月18—25日，笔者有幸成为粤港澳文物保护及修复培训班（第二期：木质文物的修复）的学员，完成了香港、广州、阳江和澳门的课程，顺利结业。该课程内容包括课堂学习木质文物修复理论、实验室操作及实地参观等，在香港文化博物馆演讲室及文物修复实验室内开展两天的课堂及实验操作学习。

本次培训班由香港康乐及文化事务署筹办，广东省文物局及澳门文化局文博厅协办，旨在提升三地的文物保护及修复水平，加强技术交流，推动专业发展。培训班的授课老师由来自北京及粤港澳等地的多名经验丰富的优秀文物保护专家组成，学员来自粤港澳三地的文博单位。课程知识全面、课堂气氛融洽。香港康乐及文化事务署陈承纬助理署长为培训班致开幕词。

一、木材特性

木质文物的保护工作需要从辨认文物的木材树种开始，从而了解其理化特性，再选用同种木材进行修补。常见的树种分为针叶木和阔叶木。针叶木又称为软木，包括松、柏、杉等，该树种树干笔直、纹理均匀、变形小、材质较软，易加工；阔叶木又称为硬木，包括樟、枫、杨等，该树种树冠大、丫枝多、木纹交织、材质较硬，加工困难。辨别树种的方法有宏观识别和微观识别。宏观识别是通过肉眼或放大镜观察木材的颜色、光泽、纹理等特征；微观识别是借助显微镜，察看15~20微米厚的木材切片，切片方向包括木材横切面、径切面和弦切面，可以观察到管胞、木射线、薄壁组织、树脂道、交叉场纹孔等特征结构。

木制品的加工过程有采伐、切割、干燥、涂漆、组装等。木材含水率的变化会影响木材的尺寸，出现干缩和湿胀现象，使木制品的尺寸发生变化，严重时会导致开裂和变形。因此木材加工时需要把木材含水率降低到一定程度，以保障质量。木材在使用中最常见的是开裂，导致开裂的原因包括收缩、承重能力不足和降解等，需要根据不同的原因实施修复。

二、实验课

1. 木材显微结构观察

首先将木材样块用切片机切成小片，在载玻片上小心摊开，再用显微镜观察特征结构，比对样本以进行初步辨认。

2. 木材样品含水率测试

将探针式含水率测定仪的探针插入木材样块中，根据导电率测定含水率。

3. 应力波测试木材弹性模量

通过脉冲捶敲击木材样本，根据其产生的应力波传播时间，测定木材性质。

4. 木材阻力值测试

根据仪器前端探针钻入物体的阻力值变化曲线探知其内部的密度变化，以判断内部是否出现缝隙、腐朽等。

5. 超声波探伤检测

根据超声波穿透样品之后能量的变化来判别样品的缺陷位置等。

三、英国及我国香港木构建筑历史

中世纪以来，英国木构建筑广泛应用于乡村和城镇住宅、公共建筑、仓库和教堂等，建筑结构有半木结构、曲木结构、箱形结构等。中世纪曲木结构建筑现存的最古老的一座是珀肖尔（Pershore）修道院的农场粮仓，以九对巨型的弯曲橡木支架支撑起主体结构。

中世纪到16世纪期间，英国普遍使用以橡木为主的硬木做建筑材料，因橡木有优秀的耐腐蚀和耐虫害能力。16世纪开始用松木、杉木等软木作为建筑材料，如位于伦敦的汉普顿宫、斯台普酒店（Staple Inn）。斯台普酒店现为商铺和餐厅，整体改变了木结构，仅保留前部外墙。

1666年伦敦大火，此后英国政府建立法案，规定新建建筑的共用墙和外墙须采用砖石材料，砖石开始被广泛使用于兴建外墙及隔墙，屋顶采用瓦顶，地板和内墙结构仍使用木材，并采用以铁制构件加固木结构的建筑方法。木材选用波罗的海国家和北美进口的软木，因其生长在北方寒冷地域，横枝少而干粗直，生长轮较密。19世纪铁质材料在建筑物中的使用日渐增加，如铁支撑柱及铁梁逐渐替代木质材料，屋顶因而采用长跨度设计，木材则以较为耐用的热带硬木为主。此时比较著名的建筑有伦敦利伯提（Liberty）百货公司，为都铎式建筑，建成于1875年，曾于1927年进行修复。

我国香港英式木构建筑例子有港岛中区圣约翰教堂、旧中区警署及域多利监狱建筑群、前立法会大楼等。这些建筑中使用的木材有针叶树、北美黄杉、福州杉、中国松等软木，以及柚木、巴劳（Balau）、坤甸等硬木。其中巴劳产自马来西亚和婆罗洲等地，这种木材密度高、质量重，坚固，耐腐蚀，品质较优。

旧中区警署及域多利监狱建筑群有一百多年的历史，共有19栋建筑物，16栋保留用于活化。2007年启动活化工程，历经10年维修。这些建筑物部分为木楼层，中式瓦顶，屋顶采用木桁架。修复措施包括替换腐朽的木构件，用钢材加固结构，涂阻燃防火漆，加入防水和隔热的材料等。

前立法会大楼在填海前位于海边，为了防止地下水对木桩的侵蚀，在木桩底部连有高于地下水位的混凝土桩帽，使用年限超过100年。

木构建筑文物有深刻的文化意义，是人类建筑技术发展的见证，有必要对其进行保育活化。

四、木质建筑常见病害

木材为可再生原料，可生物降解，有固碳和缓解温室效应的作用，干燥后化学性质稳定，且木材有良好的机械加工性，是良好的隔热材料。生产木材不需要化石燃料，节约能源。现今高层木构建筑成为设计师追求的项目，如东京准备建设300多米高的木构建筑。

但木材在利用过程中也有不可避免的缺点，如木材的各向异性、吸湿性，热胀冷缩导致的尺寸不稳定，易受真菌腐蚀、虫害、动物破坏，易引发火灾等。

建筑物中的湿气渗透、屋顶漏水及通风不良等问题会导致木材腐烂。造成腐烂的常见真菌有干腐菌、粉孢革菌及湿腐菌。真菌不仅破坏木材结构，还危害人体健康。干腐菌带有发霉、潮湿的气味，会使木材形成一层灰色的薄膜，具有容易穿墙的特性。在较潮湿的环境下生长出的白色、蓬松的菌丝，可使木材腐烂成黑褐色，变轻、易碎，出现深裂缝和方形裂纹，常令木材的形状扭曲。湿腐菌通常在持续潮湿的环境下生长，会使木材扭曲、变色、变软、开裂和强度减低，发出霉味。

木质文物防虫害的一个重点是防白蚁。白蚁是一种危害性很大的昆虫，会迅速蛀蚀木结构的内部，白蚁常蛀食多种作物、林木、江河堤坝、房屋、埋地塑料电缆等，造成巨大的财产损失。白蚁体软而小，通常长而圆，有白色、淡黄色、赤褐色以及黑褐色等。头前口式或下口式，能自由活动。触角念珠状，腹基粗壮，前后翅等长。白蚁分布于热带和亚热带地区，多以木材或纤维素为食，是一种多形态、群居而又有严格分工的昆虫。白蚁较多出现在中国长江以南，种类多，密度大，南岭以南湿热地区是蚁害的猖獗区。一窝成熟的白蚁可达400万只，它可在建筑物内部或外部筑巢，通过蚁路觅食。防治白蚁的方法有：在建筑前期，在地基喷洒药物做防治处理；在建筑物放置防治药饵系统；等等。

因此木构建筑需要小心选择建筑材料和处理技术，以减少木材损坏；改善有利于昆虫滋生和真菌腐蚀的环境，减少水分积聚；做好定期检查和维修保养。

五、木构建筑修复

木构建筑维修时需要遵守以下准则：采用最小程度的修复，持续保持文物建筑历史价值；尽量保留原有物料；尽量采用可逆的手法修复，容许日后移除；新旧物料必须可以辨别。

修复工匠的水平必须合格，榫卯结构大小、位置必须符合标准，更换时不能破坏其他构件。另外还需要符合环保条例，例如保留蝙蝠居所。

木构建筑加固和维护的手段有加柱子、横梁、拉杆、纤维强化塑料包裹，换成钢结构骨架，使用环氧树脂补强结构等。

以下为木质文物建筑修复的个案分享。

1. 鸭脷洲洪圣古庙龙柱

鸭脷洲洪圣古庙是一座清代的古庙，获评一级历史建筑物。庙前向海竖立着一对龙柱，守护一方平安。2014年，台风将其中一根龙柱破坏，才发现此龙柱久已腐朽，另外一根龙柱也急需维修。相关部门决定重新制作两支龙柱，先是前往东莞选购木材，要求长度大、直、硬度高、密度高。木材运输到洪圣庙后进行了防腐处理。再是重新打造龙柱的地基。地基做了防止地下水渗透的处理，并装上了原地基上拆出的碑文。接着是用吊车安装龙柱，由于洪圣庙所处位置街道狭窄，吊车只能停靠在庙后面直线约20米远的回旋处，吊装距离远，而木柱又高又重，为避免对洪圣庙造成意外破坏，采用了160吨吊车。为停泊庞大的吊车，还提前一晚疏导交通。最后是搭脚手架，在龙柱上彩绘龙纹。历时一年左右，龙柱完成修复工作，新龙柱比旧龙柱高，约16米，绘有8圈龙纹。

2. 植桂书室

植桂书室位于香港新界元朗八乡上村，建于1899年以前，属于传统中式书室，为带天井的二进清代传统建筑，有石柱、青砖墙和木构屋顶等。书室内外有精美的木雕，屋脊和山墙上有生动的灰塑，墙上有壁画。植桂书室是元朗区现存最具文物价值的传统书室之一。

书室的檐口板及驼峰等结构曾被修复。正门檐口板经研究发现为黑底金漆木雕构件，风格样式或源于潮汕地区。该檐口板由文物修复办事处修复，包括补配、加衬底、重新刷漆等步骤，既存留了历史特征，又恢复坚固华丽面貌。书室内天井两侧的檐口板为彩色木雕，经过修复显得栩栩如生。书室后进屋顶左驼峰内部曾被虫蛀，经修复保留驼峰正反面有雕刻部分，中间部分用新的木料胶合。

3. 达德公所

达德公所位于香港元朗屏山坑尾村，西铁天水围站旁边，建于清咸丰年间，为议事场所设计，简单实用，原为两进三开间式建筑，后在左边加建慰寂祠，右边加建英勇祠。达德公所是1899年屏山邓族发动“抗英揭贴”的地方，为抗英指挥中心。公所旁的忠勇祠，供奉着当年因抗英而牺牲的英灵。

政府开发天水围时，将达德公所周围土地填高，致使公所变成低洼地带，遭受水浸破坏，墙身剥落，建筑物内长满青苔，部分青砖松脱，且建筑物后方曾山泥倾泻，压塌部分墙体，损毁情况严重。

香港古物古迹办事处于2006年斥资900多万港元修复达德公所，先是挖暗渠疏导雨水，再清理塌方泥土，加建护土墙。建筑内部修葺墙体及屋顶，保留有历史价值的屋脊，更换木梁。修复后的公所保存了大量原有的特点，如青砖木结构、花岗石门框和匾额、正脊上的灰塑和琉璃饰件、琉璃漏窗、壁画及木雕等。

公所大门是木门，原来被积水浸泡过，下半部分腐烂，所幸上半部分的门神得以保存，但颜色脱落，人物造型仅依稀能辨。修复办裁下木门上半部分，接上新的木板，制作成新木门，再参考大量门神图样，重新填色，复原了门神的图案。

公所后进屋顶的装饰珠在公所修复前跌落在后面山坡上碎裂，釉色剥落，经修复办修补上色后重新装上。

4. “南海Ⅰ号”

大型海洋木质沉船的保护是世界性的文物保护难题，如瑞典“瓦萨号”沉船经过多年喷淋聚乙二醇（PEG）、自然干燥等修复处理，后来出现盐析现象，并导致船体不断腐朽；泉州后渚沉船早期加固时使用铁钉，导致木材生锈，后来需要更换加固材料。有了这些前车之鉴，出水木质文物修复工作的理念不断革新。

“南海Ⅰ号”为2007年在广东省川山群岛阳江海域附近打捞出水的南宋木质沉船，船上装载有大量货物，目前存放在广东海上丝绸之路博物馆水晶宫内，已由水下考古转为陆地考古。船体的病害类型有含水率大、残缺、断裂、裂隙、变形、变色、微生物破坏、无机盐沉积、腐朽等。

目前“南海Ⅰ号”还处在发掘阶段，因此保护工作需要配合发掘做一系列临时性的保护措施，如布置移动天车自动雾化喷淋装置，每天定时定量向船体喷淋防腐保湿加固药剂，以防霉及防干缩变形；对船货提取及淤泥清理后暴露出的船体结构进行支撑；用三维扫描监测提取出来的船板形变等。

在往后的保护工作中，“南海Ⅰ号”沉船船体及船上的木质文物的保护工作将包括脱盐、脱水、定型、干燥等步骤。

5. 南越国宫署遗址

公元前203年，秦将赵陀割据岭南，建立南越国，在都城番禺（今广州）兴建王宫御苑。南越国遗迹包括南越国宫署遗址、南越王墓、南越国木构水闸遗址。南越国宫署遗址位于广东省广州市越秀区中山四路，遗址内不仅有南越宫苑，还有历代遗迹遗物。这些遗迹层层相叠，记录着广州两千多年的发展历程。

南越国宫署已做回填保护处理，目前开放曲流石渠遗址供观众参观。曲流石渠是南越国宫苑的园林水景遗迹，石渠蜿蜒曲折，高低起伏，设计

弯月形水池（左）；渠道（中）；清代水井（右）

巧妙，设有急弯处、弯月形水池、石板平桥等特殊结构，营造了不同的园林景观。此外，遗址周围还有南朝、元、清等时期的水井。

曲流石渠遗址内还可看到木暗渠，为南越国的地下排水暗槽。木暗槽的木材为杉木，已经过脱水加固等保护处理，木材纹理清晰，还保留着木质香味。

6. 南越国木构水闸

南越国木构水闸位于广州市越秀区西湖路光明广场负一楼，水闸遗址距地表深约4米，建筑在灰黑色河道淤土上。据考察，这里曾是珠江北岸线。遗址包括闸室及两岸建筑物，水闸全部用木材构筑，由侧墙、闸门及闸槽等结构组成。水闸当时有防洪、防潮及排水功能。

南越国木构水闸还原模型

7. *海事工房1号*

海事工房1号位于澳门妈阁区，是昔日政府船坞的机械部，为当时造船及修船的地方，在澳门历史上具有其特殊的历史意义。船坞于2001年修造完最后一艘钢船，完成了110年的使命，现在的船坞已经搬迁至筷子基。后来该区被填海，原来船坞则经过活化修建成当代艺术展览馆——海事工房1号。

海事工房1号原为木结构，后用钢柱和钢梁加固。原船坞的办公室也改建成演出场地，打造成为当代艺术中心。

粤港澳文物保护及修复培训班（第二期：木质文物的修复）于澳门艺术博物馆演讲厅举办结业仪式。澳门文化局副局长杨子健致辞，祝贺本届培训班顺利结业，并期待下一期的到来。在本次培训班中学员们收获良多，开阔眼界。粤港澳三地文博文化碰撞交流，擦出思想火花，为文博工作提供了灵感和经验，也为三地文博界的沟通交流发挥了纽带和桥梁的作用。

龙泉青瓷发展历史简述

陈浩天

中国最早烧成的瓷器是青瓷，在庞大的青瓷窑系中，又以龙泉窑最为杰出。龙泉窑青瓷初创于南朝；北宋时期快速发展，形成相当规模；南宋时期革新胎釉配方等技术，集青瓷技艺之大成，步入鼎盛时期；元代内外贸易对青瓷的需求进一步增长，窑业规模迅速扩大；明早期时繁荣，明中后期到清则呈衰退之势，至民国时逐步复苏；中华人民共和国成立以后开始振兴并走向繁荣。至今已有1500多年的龙泉窑烟火不绝，青瓷传统烧制技艺代代相传。龙泉窑是中国陶瓷史延续时间最长、窑址分布最广、产品质量精美、影响范围最广的青瓷名窑。在宋元鼎盛时期，龙泉窑青瓷影响了周围各州县，远至在福建、江西、广东等地也烧龙泉风格青瓷，形成规模宏大的龙泉窑青瓷系统。

一、早期龙泉青瓷

南朝至五代时期是龙泉青瓷的初创阶段，从现有的窑址考古资料来看，丽水吕步坑南朝青瓷窑址及庆元黄坛唐代青瓷窑址等是龙泉窑早期窑场。产品以碗、钵为主，胎质粗糙，胎壁较厚，多施半釉，釉色青黄无光泽，器形笨拙。唐中期后，产品种类增加，多通体施釉。五代时金村窑生产的淡青釉瓷器，胎质细腻，造型端巧，刻花纤细。

二、北宋龙泉青瓷

北宋时期，龙泉窑规模迅速扩大，龙泉窑形成了自己独特的风格。这一时期在制瓷工艺和文化审美上承上启下，产品造型规整，胎色较灰，胎壁厚薄均匀。釉色青中泛黄，釉面光洁，釉层透明且逐渐加厚。产品类型以碗类为主，其他器类有瓶、盘、罐等。其中，多管瓶是龙泉窑的特色，在墓葬中与带盖长颈瓶作为一种常见的器物组合。这一时期青瓷的装饰纹样以刻划花为主，常见有牡丹、莲瓣、蕉叶等，刻划的线条自然流畅，层次分明。

三、南宋龙泉青瓷

南宋是龙泉窑发展的鼎盛时期。南宋早期，龙泉窑瓷发展迅速，器物釉层开始增厚，纹饰更为形象生动，刀笔刚劲有力。南宋中晚期，龙泉窑瓷在胎釉配方、造型、施釉、烧造等各方面都进行了科学改进。一方面，烧制出滋润如玉的粉青釉与梅子青釉，使青瓷釉色之美达到顶峰；另一方面，大气优美的器型和温润如玉的釉质作为主流审美价值取向，纹饰则趋向简练。南宋龙泉窑青瓷与北宋时期相比，制作更为精细，器型更为优美，品种更为丰富，有碗、盘、执壶等饮食器皿，花瓶、香炉、佛像等陈

南宋龙泉窑青瓷弦纹三足炉（故宫博物馆藏）

“南海Ⅰ号”出水的龙泉窑青釉刻划花花卉纹碗

“南海Ⅰ号”出水的龙泉窑青釉菊瓣碟

设瓷和祭器，以及鸟食罐、象棋之类的娱乐用瓷等。每一类产品形式多种多样，如碗类有莲瓣碗、斗笠碗、盖碗等。

宋时，龙泉青瓷已经是对外贸易的重要商品之一，南宋时期沉船“南海Ⅰ号”上有大量精美的龙泉青瓷出土。龙泉窑系瓷器在“南海Ⅰ号”沉船船货中占有较大比重，在船舱前、中、后部均有分布，并且都十分精美。器型以碗为最大宗，其次是盘，其他器型有青釉四棱方瓶等；装饰风格多为刻划花，纹饰多以荷花、荷叶为主题，不同风格和表现形式的荷花、荷叶呈现出不同的纹饰组合。“南海Ⅰ号”出土龙泉窑瓷器具有北宋晚期至南宋中期特征。

四、元代龙泉青瓷

元代辽阔的疆土以及对外贸易的繁荣，为龙泉窑提供了一个前所未有的广大市场。在巨大需求的刺激下，龙泉窑生产规模持续扩大，窑场数量、产品类型和产品数量都急剧增加。元代龙泉青瓷同样是对外贸易的重要商品之一，如新安海底沉船，先后共打捞文物总数二万余件，其中近六成为龙泉青瓷。迅速增长的内外销需求，使得龙泉窑瓷业蓬勃发展，需求增多，产品种类也不断创新，品种呈现多样化，常见的器型有碗、盘、杯、执壶、匜、罐、粉盒、瓶、鸟食罐、香炉、塑像等。不过，元代龙泉窑青瓷的烧制工艺相对来说没有宋代讲究，瓷胎变厚，釉层变薄，玉质感也有所降低。至元末，多次施釉工艺已经很少使用。这一时期龙泉窑青瓷产品器型增大，与南宋时期的纤巧隽永、纯净如玉、清雅婉约形成鲜明的对比。

五、明至民国时期龙泉青瓷

明代早期，龙泉窑瓷制作工艺基本沿袭元代，龙泉窑规模不减，仍承烧宫廷用瓷，大窑枫洞岩窑址出土的洪武、永乐时期的五爪龙纹侈口盘、"官"字款火照等重要标本，表明枫洞岩窑场为明初奉旨烧造"供用器皿"处州（今丽水市）窑场之一。大窑枫洞岩窑址出土的宫廷用瓷，刻花工艺精湛，将精美纹饰与厚釉完美结合，且烧造工艺也达到极致。明早期的龙泉青瓷官器作为国礼赍赏给各国使臣，并随郑和下西洋，以主角身份参与世界经贸和文化交流，如土耳其托普卡比宫收藏有大量中国瓷器，主要是龙泉青瓷和景德镇青花瓷。至明晚期，龙泉窑产品釉层浅薄，制作相对粗糙，龙泉窑开始逐渐衰落。

清代龙泉窑烧造规模进一步缩小，这一时期，龙泉窑青瓷质朴，胚胎厚重，胎质较疏松，胎色呈灰白或朱砂色；釉色偏黄泛灰，釉层薄且透明，积釉不均，部分釉面开纹片。

民国初期，龙泉窑业从大窑、孙坑转移到宝溪溪头一带，以烧制日用青花瓷器为主，同时坚持烧造传统龙泉青瓷，以家族和师徒方式传承青瓷烧制技艺。民国时期对龙泉青瓷烧制技艺的保护与传承，为中华人民共和国成立后恢复大规模生产作出了重要的贡献。这一时期的青瓷产品釉为乳浊厚釉，粉青、梅子青呈色纯正。

1959年开始，在龙泉产区进行全面系统的考古发掘、科学测试、复制试验和规模生产的基础上，龙泉青瓷再次走向繁荣。2006年，龙泉青瓷入选国家级首批非物质文化遗产名录；2009年9月30日，龙泉青瓷传统烧制技艺被联合国教科文组织批准列入人类非物质文化遗产代表作名录，成为目前全球唯一入选的陶瓷类项目。龙泉青瓷延续千年，以其青翠瑰丽的釉色，散发着幽深静谧的魅力，继续绽放着人类文明之花。

参考文献

[1] 龙泉市博物馆. 比德尚玉：龙泉青瓷博物馆馆藏精品图录［M］. 杭州：西泠印社出版社，2014.

景德镇窑考察报告

陈士松

2018年10月9—13日，在黄刘生副馆长的带领下，广东海丝馆水下考古与技术部和保管部一行7人赴浙江龙泉市、江西景德镇市两地调研考察龙泉窑和景德镇窑，重点调研了大窑村枫洞岩遗址、龙泉青瓷博物馆、景德镇陶瓷博物馆、湖田窑遗址（景德镇民窑博物馆）。此行目的明确，是为“南海Ⅰ号”出水的瓷器寻找产地出处，追本溯源。本次考察既可以建立起双方的业务交流，进一步加强学习往来，又可以联络上当地的瓷器制作大师等工艺美术人士，为以后的陶瓷陶艺文创产品开辟合作路径，打下坚实的基础。

景德镇民窑博物馆（湖田窑遗址）

本文立足景德镇陶瓷博物馆、湖田窑遗址（景德镇民窑博物馆）资料，梳理景德镇窑历史发展沿革，以宋代景德镇窑青白瓷的考察为例，浅谈此次窑址考察的感受和收获。

一、景德镇窑历史沿革

目前，景德镇发现的瓷窑遗址最早为唐代南窑、兰田窑遗址。乐平接渡镇南窑遗址是一处唐代中晚期的青瓷窑遗址，发掘出长达78.8米的龙窑，出土物有青釉碗、盘、罐、双系瓶、小瓶、盘口壶、灯盏、钵、盏、瓮、水盂、盒盖、盆、腰鼓等。[①]浮梁县湘湖镇兰田窑遗址，始烧于晚唐，历经五代，至北宋结束，出土物以青瓷为主，器型主要有碗、盏、盘、钵、注壶、盒、器盖、罐和腰鼓等。[②③]

五代时期，景德镇在大量烧制青瓷的同时，还在南方地区率先烧出白瓷。窑址多分布在湖田、杨梅亭、黄泥头、湘湖、柳家湾和南市街等南河流域。各窑五代堆积中仅见青瓷和白瓷碗、盘、壶之类产品，而且工艺较为落后，均采用支钉叠烧法，器内和底部常有支钉痕，废品率较高。但是白瓷胎釉洁白，瓷质达到现代瓷的标准，时居全国首位，为其在宋代成为全国青白瓷的烧造中心夯实了工艺基础。

五代景德镇窑青釉瓜棱执壶

①江西省文物考古研究所，乐平市博物馆，景德镇陶瓷考古研究所，等．江西乐平南窑窑址调查报告［J］．中国国家博物馆馆刊，2013（10）：37.

②陈闽．兰田唐代瓷窑遗址调查报告［J］．景德镇陶瓷，2017（3）：14.

③北京大学考古文博学院，景德镇陶瓷考古研究所，景德镇陶瓷学院陶瓷系史论教研室，等．景德镇市兰田村大金坞窑址调查与试掘［J］．南方文物，2015（2）：66-77.

宋代，景德镇昌江及其支流南河、小南河、东河以及昌江流域窑场达160处之多。沿南河源头顺流而下，就依次有湘湖、塘下、白虎湾、黄泥头、湖田、杨梅亭、盈田、洪家坳、丽阳、三宝蓬和银坑坞等著名窑址，呈现“村村窑火，户户陶埏”的兴旺景象。景德镇民窑业异军突起，跻身于中国宋代“六大窑系”行列，创烧出一种光致茂美、独树一帜的青白瓷，其中以湖田窑最具代表性。由于其民窑的性质，因此以烧制商品瓷为主，多为民间生活用器，主要有民间日用器皿、生活用具、生产工具、雅玩陈设、人物雕塑、动物雕塑等。①

北宋早期，景德镇开始使用匣钵和小于圈足的垫饼（或垫圈）来装烧瓷器，采用仰烧法。瓷器器型继承晚唐五代时期风格，整器低矮，多花形口，胎壁稍厚，器底由宽浅向高深发展，削足。北宋中期，湖田窑青白瓷发展到鼎盛期，瓷器造型多为大口小足，腹壁斜弧，底足较高。各种雕枕、香炉、玩具、塑像等堆塑器大量出现，瓷器制作精良，形象逼真。②

北宋景德镇青白釉刻花荷叶形枕

①李荣华．浅析湖田窑青白瓷的釉色与造型工艺［J］．南方文物，2000（3）：79-82．
②同上。

南宋时期，湖田窑瓷业开始衰落。瓷器器形瘦削，器足变矮，刻花、划花减少，而盛行印花。印花纹饰主要有双鱼、莲荷、芦雁、花鸟等。这一时期，高度发展的海外贸易，带来了来自各国的麝香、沉香、檀香和天竺香等20多种香料，与此密切相关的是装香料、胭脂粉黛和朱红等妇女化妆品的瓷盒需求旺盛，出现了专门生产盒子、柱子等单一器型的作坊，体现了景德镇制瓷业极高的专业水平和发达的行业分工。至南宋中晚期，景德镇优质的上层瓷石告竭，“象宁村、小坞里、月山下等数十处北宋窑场至此时多已停产，甚至包括规模巨大的南市街窑亦复如此”[①]。在严重的原料危机下，当时只有湖田窑等少数几处窑场还在勉强维持生产经营，而且开始采用覆烧工艺，大量烧制芒口器，产品较粗糙，釉色灰暗。

元代，景德镇瓷业大发展，统领天下。组织管理上，设置了专门的管理机构——浮梁瓷局。工艺上，发明了二元配方法，大量应用高岭土，提高了瓷器的烧成温度，并开始采用涩圈叠烧法来装烧低档产品。成熟青花、釉里红、枢府瓷及各种颜色釉的创烧，开启了彩瓷时代。这一切为明清时代景德镇制瓷业的蓬勃发展及全国制瓷中心的形成，奠定了扎实的工艺基础。

南宋景德镇印花模具

元代景德镇枢府卵白釉折腰碗

①刘新园，白焜．高岭土史考——兼论瓷石、高岭与景德镇十至十九世纪的制瓷业［J］．中国陶瓷，1982（7）：147．

明代，景德镇陶瓷生产达到一个新的发展高峰，成为全国的制瓷中心。明王朝设立御器厂，由督陶官驻厂管理，产品专供皇室；生产不计成本，追求新品，瓷器类型以青花、五彩和颜色釉器为主，形成一套独特的艺术风格。随着社会发展进步和商品经济的繁荣，民窑也随之发展壮大起来，出现“官民竞市”“官搭民烧”的繁盛局面。宋应星的《天工开物》记载：“合并数郡，不敌江西饶郡产……若夫中华四裔，驰名猎取者，皆饶郡浮梁景德镇之产也”，可见当时景德镇窑生产盛况。

清代，景德镇窑进入一个极其辉煌的时期，产品造型繁复、釉彩丰富多样、品质卓越。清初，景德镇制瓷业一度处于停滞状态。顺治十一年（1654年），清政府在明代御器厂的基础上逐步恢复景德镇窑生产，并进一步扩大规模。这段时期的瓷器造型古朴、胎体厚重、釉色青白，整器质朴，器物口沿大部分施有酱黄釉，具有明显的过渡特点。清代康熙、雍正、乾隆三朝，景德镇的陶瓷生产蓬勃发展，制瓷技艺更趋娴熟精湛，品种装饰更加丰富多彩，可谓集历代名窑之大成。景德镇制瓷业快速复苏并强劲发展，得益于朝廷的重视。自康熙十九年（1680年）以后，景德镇御窑厂由朝廷派遣督陶官直接管理窑务，此后各时期的官窑均以督陶官的姓氏命名。[①]

清末，景德镇陶瓷生产开始衰落。嘉兴、道光时期，景德镇制瓷基本上是沿袭前朝，无甚建树。咸丰、同治时期，朝廷自顾不暇，景德镇陶瓷生产逐渐凋敝。光绪时期，制瓷业稍有起色，御窑产品颇为精良。宣统时期，御窑厂宣告终结。晚清六朝，无论官窑还是民窑，盛行仿古风，成为当时景德镇制瓷业的一大特征。[②]

民国时期，景德镇瓷业生产在困境中艰难发展。[③]值得一提的是当时景德镇陶瓷装饰艺术上活跃着一个著名画派，人称“珠山八友”。其主要

①萧振松．清代景德镇陶瓷兴衰谈［J］．景德镇陶瓷，2000（2）：22.
②同上：23.
③罗亨江．晚清民国景德镇陶瓷发展浅谈［J］．中国陶瓷，2008（11）：93.

人物有王太凡、王绮、邓碧珊、徐仲南、田鹤仙、汪野亭、程意亭、刘雨岑。“珠山八友”把中国文人画引入陶瓷彩绘之中，其作品具有独特的风格，并为中国陶瓷彩绘开创了许多新技法，在国内外享有很高的声誉。

二、宋代景德镇窑青白瓷

宋代景德镇窑青白瓷是值得大书特书的存在。宋代景德镇青白瓷之所以大放异彩，后世更以影青瓷闻名，是众多主客观因素共同作用的结果，既有景德镇当地得天独厚的自然条件，又有传承不断的烧陶制瓷传统。

宋代景德镇青白瓷的发展可分为北宋早期的初步发展、北宋中晚期的繁荣发展、南宋时期的逐步衰退几个不同发展阶段。北宋早期，景德镇青白瓷初步发展，胎质较粗，修坯不够光滑，釉层较薄，釉色多带米黄，仅有少数呈色为纯正青白色。北宋中晚期，景德镇青白瓷繁荣发展，质量最高、产量最大，器物胎质精细，胎体致密，细薄透明，有的碗、盏、盘、碟口沿部分甚至薄如蛋壳，釉色晶莹剔透，温润如玉，呈现出蒋祈在《陶记》中所称的“饶玉”特征。南宋时期，面临原料危机，景德镇制瓷业整体下滑，产品质量下降，胎质不如以前细腻，釉色较为浑浊，但胎体仍较薄。同时，不可忽略的是当时仍烧制有不少品质较高的青白瓷。

宋代景德镇青白瓷器型繁多，种类丰富。根据功能用途性质的不同，钟丽英将宋代景德镇青白瓷大体上分为日常生活用器、艺术陈设赏玩和明器神煞三大类。日常生活用器包括碗、盘、盏、碟、钵、罐、壶、瓶、盒、水盂、香炉、瓷枕等；艺术陈设赏玩包括各种玩瓷雕塑，有人物俑、戏剧俑、牵马俑以及各种动物俑，如马、牛、羊、狗、兔、独角兽等；明器神煞主要是与佛道有关的俑类和塑像等。①

宋代景德镇青白瓷纹饰内容丰富，题材广泛，包含植物、动物、几何、人物山水四大类，其中大部分为植物类装饰，动物类、几何类和人

①钟丽英．宋代景德镇青白瓷之研究［D］．重庆：重庆师范大学，2010：21-30.

物山水类相对较少。[①]植物类纹饰主要是荷花（莲瓣）、牡丹、菊花、葵花、石榴、荔枝、卷草、萱草、草叶、叶脉等；动物纹主要是龙纹、凤鸟纹、水禽纹、鹿纹、鸳鸯纹、狮纹等；几何类纹饰主要是弦纹、联珠纹、回字纹等；人物山水纹主要是婴戏纹、山水纹等。

宋代景德镇青白瓷的装饰技艺突破了晚唐、五代时期的窠臼，出现了各种不同的装饰方式和技艺手法，主要有刻划花、篦划花、印花、剔花、镂空、捏塑、釉上加褐彩和贴塑等。[②]

宋代景德镇青白瓷因器型、时代条件不同而产生了不同的装烧方法，主要有仰烧法和覆烧法两种。覆烧法又可细分为垫钵覆烧法和支圈覆烧法。北宋早期，景德镇青白瓷烧制工艺从五代时的支钉叠烧逐步过渡到匣钵仰烧。北宋中后期，景德镇青白瓷装烧以匣钵仰烧法为主，并开始出现多级垫钵覆烧。南宋时期，由于原料危机，已广泛采用覆烧。南宋中后期，更盛行组合式支圈覆烧法。[③]

三、景德镇窑考察收获

（1）对景德镇窑尤其湖田窑与景德镇青白瓷的概念与内涵的认识更加深化、物化、具象化。湖田窑作为景德镇青白瓷宋代的核心产区，其出土的青白瓷标本非常具有代表性，种类丰富，造型优美，装饰多样，但是大部分精美程度仍不及“南海Ⅰ号”出水的景德镇青白瓷器物。“南海Ⅰ号”出水的景德镇青白瓷器物主要是碗、盘、碟三大类。这些瓷器究竟产自景德镇窑中的哪个窑，仍需以后更多的考古发掘与研究。所以值得注意的是，景德镇窑的历史不是一两处瓷窑遗址能载全的，也不是一朝一代就可以简单概括的，需要分时分段，分区分步，构建一部景德镇陶瓷史。可

①钟丽英．宋代景德镇青白瓷之研究［D］．重庆：重庆师范大学，2010：31-36.
②同上：36-39.
③同上：39-41.

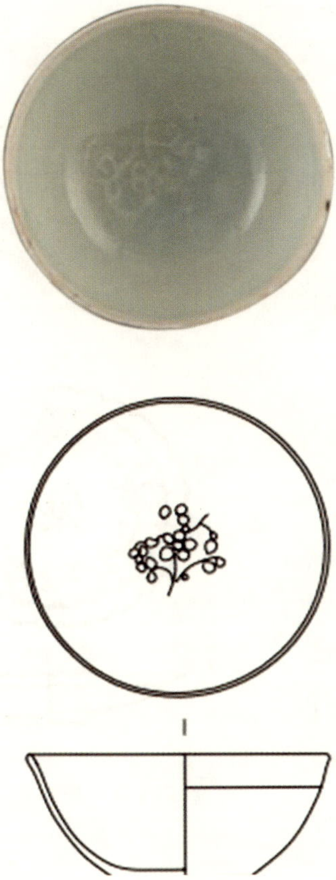

“南海Ⅰ号”出水南宋青白釉印花芒口小碗[①]

“南海Ⅰ号”出水南宋青白釉印花花口盘[②]

喜的是已有学者对此作了一番梳理和研究。但广东海丝馆还未有机会详加梳理研究。今后可在对比研究中厘清“南海Ⅰ号”出水景德镇青白瓷器物的产地信息。

（2）对景德镇窑青白瓷刻划花和印花工艺的认识更为深刻。宋代景德镇窑在青白瓷上运用一边深一边浅的“半刀泥”刻划技法。这样施釉烧成后，因刻划痕迹深浅不一致，釉料填充厚薄不匀，导致釉色浓淡深浅不

①国家文物局水下文化遗产保护中心，广东省文物考古研究所，中国文化遗产研究院，等．南海Ⅰ号沉船考古报告之二：2014—2015年发掘［M］．北京：文化出版社，2018：168

②同上书：169.

一，肥厚者呈青绿色，浅薄者呈青白色，釉色与纹饰相互映衬，使纹饰更加形象生动，立体效果明显。

（3）南宋原料危机中景德镇窑的应对之策值得注意：景德镇窑在烧造工艺上作出了巨大的改变，采用覆烧法，这样就解释了当时芒口器大量出现的问题，这对于“南海Ⅰ号”出水的景德镇芒口器多了一层历史背景的了解。

“南海Ⅰ号”出水南宋青白釉印花缠枝花卉纹花口小盘①

景德镇窑的运销路径主要靠的是水路。景德镇四面环山，自古陆路交通相对闭塞，而水路交通十分便利，昌江拥有四通八达的支流。昌江作为景德镇物资供应和瓷器外运的重要通道，成为景德镇与外部世界沟通的纽带。当时，景德镇的出海口已广布在上海、浙江、福建、广东等地方。随着“南海Ⅰ号”考古资料发掘及研究的深入，其景德镇船货的来源及运输路径有追溯的可能性。

尽管面临着原料危机，宋代景德镇窑仍然维持着民窑商品化生产，还参与对外贸易。从历年考古发现看，各地的宋代墓葬，无论是土坑墓还是砖室墓，无论是贵族墓还是平民墓，几乎都出土有景德镇青白瓷。据不完全统计，全国除黑龙江省、西藏自治区、青海省、宁夏回族自治区、贵州省外，其他各省或自治区均

①国家文物局水下文化遗产保护中心，广东省文物考古研究所，中国文化遗产研究院，等．南海Ⅰ号沉船考古报告之二：2014—2015年发掘［M］．北京：文化出版社，2018：180.

出土有青白瓷[①]。宋代湖田窑生产规模很大，产品种类丰富，质量上乘且产量高，不仅在国内拥有广阔的市场和应用领域，而且随着海上丝绸之路航线上的船舶行销至东南亚、南亚、西亚和东非地区。南宋沉船“南海Ⅰ号”出水的景德镇窑青白瓷正好可以作为佐证。

虽身处原料危机，但宋代景德镇窑还保持着宫廷贡瓷的地位。古籍文献中，有不少关于景德镇窑从北宋即已开始的贡瓷记载。据《宋会要辑稿·食货五二·瓷器库》记载：“瓷器库在建隆坊，掌受明、越、饶州、定州、青州白瓷器及漆器以给用。”[②]北宋朝廷设置专门的瓷器库管理收纳饶州即景德镇（青）白瓷器。《江西通志·卷九十三·陶政》更是记载了一条史实，北宋景德（1004—1007）年间“中置镇，始遣官制瓷贡京师，应官府之需，命陶工书建年景德于器”[③]。江西当地历史文献也有一证，婺源《嵩峡齐氏宗谱》卷首记载了景德镇窑丞齐宗蠖于庆历五年（1045年）八月押运御器进京，器毁人亡之事。[④]再加上南宋皇城遗址等众多考古资料中存在大量景德镇青白瓷，说明当时南宋赵氏皇家大量使用了景德镇生产的青白瓷。这样就从古籍文献和考古实物双重证据上真真切切证实了宋代景德镇窑作为一处官窑向宫廷供瓷的地位，只是具体的贡瓷开始时间还有待进一步的探讨。

备注：部分内容采编自景德镇民窑博物馆基本展览内容。

---

①钟丽英．宋代景德镇青白瓷之研究［D］．重庆：重庆师范大学，2010：1，17-18.

②徐松辑．宋会要辑稿：第六册·卷一万四千七百九十·食货五二之三七［M］．北京：中华书局，1957：5717.

③刘坤一，等修．光绪江西通志：卷九十三·经政略十一·陶政［M］．清刻本影印版，1881（清光绪七年）：5.

④李一平．宋代的湖田窑［J］．南方文物，2003（1）：83-85.

参考文献

[1] 国家文物局水下文化遗产保护中心，广东省文物考古研究所，中国文化遗产研究院，等. 南海Ⅰ号沉船考古报告之二：2014—2015年发掘［M］. 北京：文物出版社，2018.

[2] 北京大学考古文博学院，景德镇陶瓷考古研究所，景德镇陶瓷学院陶瓷系史论研究室等. 景德镇市兰田村大金坞窑址调查与试掘［J］. 南方文物，2015（2）：66-77.

[3] 江西省文物考古研究所，乐平市博物馆，景德镇陶瓷考古研究所，等. 江西乐平南窑窑址调查报告［J］. 中国国家博物馆馆刊，2013（10）：11-38.

[4] 陈闽. 兰田唐代瓷窑遗址调查报告［J］. 景德镇陶瓷，2017（3）：13-14.

[5] 李一平. 宋代的湖田窑［J］. 南方文物，2003（1）：83-85.

[6] 刘新园，白焜. 景德镇湖田窑各期碗类装烧工艺考［J］. 文物，1982（5）：85-94.

[7] 刘新园. 景德镇湖田窑各期典型碗类的造型特征及其成因考［J］. 文物，1980（11）：50-61.

[8] 李荣华. 浅析湖田窑青白瓷的釉色与造型工艺［J］. 南方文物，2000（3）：79-82.

[9] 宋东林. 宋元时期景德镇窑装烧工艺的研究——景德镇装烧工艺研究之一［J］. 南方文物，2013（2）：71，85-93.

[10] 王嫚. 景德镇湖田窑与潮州笔架山窑青白瓷的比较研究［J］. 中原文物，2015（1）：100-105.

[11] 赖金明. 宋代湖田窑青白釉瓷的装饰工艺［J］. 江汉考古，2004（4）：64-67.

[12] 李放. 论湖田窑宋代刻花碗的模印技法［J］. 考古，2006（5）：63-69.

[13] 罗亨江. 晚清民国景德镇陶瓷发展浅谈［J］. 中国陶瓷，2008（11）：92-93.

[14] 萧振松. 清代景德镇陶瓷兴衰谈［J］. 景德镇陶瓷，2000（2）：22-23.

[15] 钟丽英. 宋代景德镇青白瓷之研究［D］. 重庆：重庆师范大学，2010.

浅谈宋代茶文化

谭 羡

茶文化是饮茶活动过程中形成的文化特征，包括茶器、茶画、茶学、茶故事、茶艺等。茶文化的起源地是中国。茶是中华民族的举国之饮，发于神农，闻于鲁周公，兴于唐代，盛于宋代，普及于明清之时。不同朝代的茶文化各有千秋。茶文化充分反映出中华民族悠久的文明与礼仪。本文仅探讨兴盛时期的宋代茶文化，并浅析被世人津津乐道的宋代茶文化兴盛的原因。

宋代从赵匡胤登基以来，经过开疆拓土，与周边政权和议，“杯酒释兵权”，宋政权基本得到巩固，但正因为中央集权的加强，使宋代出现“积贫积弱”的局面。“积弱”暂且不论，但“积贫”却是后人的一个偏见。事实表明，宋代是历代最为富裕的朝代。在《东京梦华录》《武林旧事》《都城纪胜》等书籍中都极尽描绘了宋代的富裕和繁华，让后人对其社会经济、人文发展都叹为观止，其中，茶文化的繁荣是一个重要的方面。中国茶文化博大精深，在漫长的岁月中臻于至善。到了宋代，点茶等茶艺得到了空前的发展，将茶文化推至艺术之境。

一、宋代茶艺

与《茶经》中记载的唐代茶艺以煎茶为主流不同，宋代茶艺在继承前代精华的基础上呈现出以点茶为主的特色，即将茶末置于盏中，调成糊状，然后用沸水注入加以冲点，同时持茶筅适时搅拌，以制成茶汤。宋代的点茶与唐代的煎茶有着明显的差异，其一是煎茶要在釜、锅等煮器中进行，点茶则在茶碗、盏、瓯中进行；其二是煎茶一般用茶匙搅动茶汤，点茶则用竹制茶筅击拂；其三是煎茶既用茶末也用茶叶，并需在煮器中煎烹，而点茶只用茶末，且用沸水冲。

二、宋代茶画

茶经过文人的渲染而被赋予了高品质、高情趣的文化内涵。苏舜钦《苏学士集·卷十·答韩持国书》中描绘了一幅宋代文人生活的画面："静院明窗之下，罗列图史琴樽以自愉悦，有兴则泛小舟出盘、阊二门，吟啸览古于江山之间。渚茶、野酿足以销忧……"至于宋代大文豪苏东坡与佛印和尚之间交往而提到的茶就更多，苏东坡在贬谛时写下的"酒困路长惟欲睡，日高人渴漫思茶"就更有生活味了。宋代文人画的兴起和士大夫的参与对茶文化的发展都起到了极大的作用。以茶艺、茶事为题材的绘画兴起，则与绘画及茶文化的熏陶密不可分。宋代以茶事活动为主题的绘画形式越来越丰富。北宋画家张择端在《清明上河图》中以严谨精细的笔法描绘了清明时节北宋都城汴京的汴河及其两岸的风光，全卷后段描绘的是市区街景的繁华热闹，其中就包括黎民在那一肆一馆里斗茶寻欢的景象。宋代宫廷画家刘松年就创作了多幅茶画，在画作《撵茶图》中细致地描绘了宋代从磨茶到烹点的具体过程、用具及点茶场面，画面充分展示出官宦之家讲究品茶的生动场面，是宋代茶叶品饮的真实写照；在画作《茗园赌市图》中描绘了宋代街头茶市的情景，人物神情自然，举手投足间透露着一股质朴气息，颇有生活情趣；在画作《斗茶图》中描绘了烹茶煮水、品茶论道的画面，画面静谧，可感知几位茶人虽因茶相聚，但无谓斗茶之结果，意在高山流水遇知音的淡泊宁静。宋代画家钱选，向往隐逸自然的生活，创作出《卢仝烹茶图》，透过画面可以感受到作者不管朝事，只管喝茶的淡泊名利的心态。以茶入画，以画释茶，体现了宋代的文人墨客抒发闲情逸致的格物情怀，观茶画，似能嗅到氤氲飘逸的茶香。

三、宋代茶器

斗茶源于唐，而盛于宋。斗茶，即比赛茶的优劣，又名“斗茗”“茗战”。它是在茶宴基础上发展而来的一种风俗，具有很强的胜负色彩，富有趣味性和挑战性。

在斗茶之风盛行的时代，茶具也随之推陈出新。宋人尚白茶，牛奶般的茶汤对茶盏的要求更严苛，一般以黑、青之色最好。宋徽宗与王公大臣斗茶时使用的茶盏是建窑的兔毫盏，这种茶盏深得他的青睐，他在《大观茶论》中评价道：“盏色贵青黑，玉毫条达者为上。”宋徽宗笔下的这种兔毫盏，是建窑黑瓷中的精品，因土质含铁成分较高，故胎色黑而坚，胎体厚重，因釉面有自然形成的丝状纹，故称之为“兔毫”。

自此之后，取用黑釉茶盏成为宋代茶艺中的定式。宋代黑釉茶盏除了蔡襄和宋徽宗推崇的兔毫盏外，还有玳瑁盏、鹧鸪斑黑釉盏等。

宋代的斗茶蔚然成风，无论是王公贵族还是平民百姓，都十分热衷，这在“南海Ⅰ号”沉船上也可得到印证。“南海Ⅰ号”沉船出水了数件黑釉茶盏，造型别致，釉色绀黑。因数量不多，并散落于船舱内，故推测此为船员随身携带之物，让人感受到在茫茫大海上斗茶带给船员们的一丝慰藉。

四、宋代茶文化兴盛的原因

1. 社会经济的持续发展

宋代的农业在耕地以及农作物品种方面有了大幅度的增加。据《宋会要辑稿·食货》记载，从开宝九年（976年）到天禧五年（1021年），全国耕地增加了200多万顷；宋徽宗政和七年（1117年），明州（治所在今宁波）有亩产六七石的记载。[①]充裕的粮食产量为茶种植提供了很好的条件。同时，宋代人口增长也很明显，宋徽宗大观四年（1110年），户口已达2088万余户，人口4673万余人。[②]人口的增长加大了对茶叶的需求量，同时也提供了更多的劳动力，从而刺激了茶叶种植的增长。

宋代的商业也达到了空前的繁荣，城市商品经济、农村集市经济活跃，货币的流通，以及对外贸易的扩大等都刺激了商品茶的生产，更刺激了与茶相关的产业及文化的发展。

2. 手工业的进步

手工业方面的发展主要体现在矿冶以及制瓷业的进步上。在北宋时期，随着金、银、铜、铁、铅等品种的大量开采，冶炼技术也不断提升，促使精美的金属器具大量涌现；在制瓷方面，无论是数量还是质量，都得到了大大的提高。空前发达的手工业为精美茶具的出现奠定了基础，更为世人称颂的宋代茶文化夯实了根基。

3. 市民文化的勃兴

宋代的市民文化大大丰富了宋代茶文化，也从中造就了宋代茶文化的重要组成部分——茶肆文化。据孟元老在《东京梦华录》中的记载，北宋

①陈默．浅析宋代茶文化繁盛的原因［J］．文史杂志，2004（3）:67.

②同上。

时，汴京城内的闹市与居民聚集之处，各类茶坊鳞次栉比，如潘楼东街巷的情况："潘楼东去十字街，谓之土市子，又谓之竹竿市；又东十字大街，曰从行裹角。茶坊每五更点灯，博易买卖衣物图画花环领抹之类，至晓即散，谓之鬼市子。"①到了南宋，茶肆文化内容更加丰富。以临安为例，在此居住的临安居民，除原来杭州的土著外，大多是来自汴京的达官贵人及中原各地的流民，居民的来源较为复杂，这样一来，临安的茶馆融合了南北茶馆以及其他文化的内容与特点，潜移默化中推动了宋代的茶肆文化的繁荣。

4. 贵族阶层的青睐

正如宋徽宗在《大观茶论》中所提及的"天下之士，励志清白，竟为闲暇修索之玩，莫不碎玉锵金，啜英咀华，较筐箧之精，争鉴裁之别"，贵族阶层热衷于对茶的把玩，因而对茶品的创新、赠茶的普及以及器具的发展都起到了推动作用。

5. 文人雅士的推波助澜

宋代的文人雅士常以诗词歌赋画的形式来表达对茶的热爱。诗词方面，欧阳修、苏轼、黄庭坚、陆游等所作茶诗内容广泛、数量颇多；至于茶画，刘松年的《撵茶图》等都是流传至今的珍品。文人雅士的推波助澜，提高了宋代茶文化的水准，并丰富了茶文化的内涵。

①陈默．浅析宋代茶文化繁盛的原因［J］．文史杂志，2004（3）:68.

五、结语

宋代的酒馆、茶坊、勾栏之盛，为其他朝代所罕见。在所有贸易的物品中，茶的生产、消费都占据了很重要的地位，包括陆上丝绸之路和海上丝绸之路的贸易商品中都有茶这宗商品，并且所占比重很大。可见，茶的消费影响各国和各个阶层。从宋代开始，茶已经成为人们日常生活中不可缺少的一部分，而饮茶的场所也形成了城市中的公共空间，由此可见，宋代茶文化的影响深远。

参考文献

[1]陈默. 浅析宋代茶文化繁盛的原因[J]. 文史杂志, 2004（3）:67-69.

[2]杨洵. 建窑兔毫盏的兴起与宋代宫廷斗茶文化[J]. 首都师范大学学报（社会科学版）, 2011（S1）:72-74.

[3]蒋金芳. 论宋代笔记中的茶文化[J]. 福建茶叶, 2018（8）:394.

[4]乔楠. 论宋代点茶兴起的原因[J]. 法制与社会, 2009（21）:293-295.

海丝资讯

多措并举，全力推动博物馆事业迈上新台阶

曾超群

近年来，广东海丝馆按照国家文物局关于“‘南海Ⅰ号’的发掘保护必须在考古、文物保护与展示三个方面都体现当今我国最高水平，并符合世界遗产保护管理的要求，使其成为海上丝绸之路申遗项目的典范”的工作总要求，紧紧围绕“在科学保护‘南海Ⅰ号’中加快与旅游产业的高度融合、实现文化遗产的传承和可持续发展”核心目标，全面落实“创新、协调、绿色、开放、共享”五大发展理念，多措并举，全力推动博物馆事业迈上新台阶。

一、加入申遗联盟大军，提高自身知名度

“南海Ⅰ号”是践行国家“一带一路”倡议的文化使者之一。自2014年以来，广东海丝馆在国家、省文物部门的指导下，积极开展申遗各项工作，得到了社会各界的充分认可与肯定。2016年3月1日，国家文物局局长办公会议决定将“南海Ⅰ号”作为海上丝绸之路的重要佐证点。2016年8月29日，阳江与其他8个海丝申遗联盟城市共同签订了《关于保护海上丝绸之路遗产的联合协定》。2018年4月，该申遗计划因故调整，经阳江市政府同意，阳江市重新加入由广州市牵头的海上丝绸之路保护和联合申

报世界文化遗产的城市联盟。加入该城市联盟，有利于全面加强与各申遗城市间的交流与合作，进一步规范海丝遗产的保护研究、展示利用、监测管理和宣传推广。2018年4月3日，阳江市副市长程凤英代表阳江市在广州签署了《海上丝绸之路保护和联合申报世界文化遗产城市联盟章程》，意味着阳江市正式加入了我国新一轮的海丝申遗联盟。2019年5月，阳江代表团参加了在南京召开的海丝申报世界文化遗产城市联盟联席会议，审议并通过了《海上丝绸之路保护和联合申报世界文化遗产三年行动计划（2019—2021年）》，为加强海上丝绸之路保护及其宣传工作提供了依据。面对历史赋予我们的新机遇与挑战，广东海丝馆以联合申报海上丝绸之路世界文化遗产为契机，继续挖掘阳江市其他海丝文物遗址，做好遗址点的研究保护，并努力推动其列入世界文化遗产名录。

二、加强海丝文化研究，提高学术影响力

一是做好“南海Ⅰ号”的全面保护发掘工作。“南海Ⅰ号”全面保护发掘项目于2013年全面启动。考古保护工作在国家文物局成立的现场指挥部的统筹协调指挥下顺利开展，统计至2019年8月，“南海Ⅰ号”先后出水文物超过18万件（套），并出版了《南海Ⅰ号沉船考古发掘报告之一——1989—2004年调查》、《南海Ⅰ号沉船考古发掘报告之二——2014—2015年发掘》和《南海Ⅰ号沉船发掘现场保护研究（2014—2016）》等相关书籍。

二是做好地方海洋文化、海丝文化的研究，提升地方文化影响力。2015年以来，完成了“阳江木船传统造船工艺与风俗抢救性保护”“海洋文化遗产研究”等多个课题的研究工作，并已出版相关专著。

三是大力搭建科研平台。广东海丝馆积极联合国家和省有关部门开展“南海Ⅰ号”和海上丝绸之路文化的研究工作，以及“南海Ⅰ号”出水文物的保护工作。到目前为止，广东海丝馆与科研院所、高校合作共建了中

“南海Ⅰ号”考古发掘现场

国广东水下文化遗产科技保护基地、中国广东海上丝绸之路文化研究基地、中山大学广东海上丝绸之路博物馆博士后创新实践基地、中山大学教学研究基地和广州美术学院教学科研基地等。此外，阳江市人民政府也与中山大学联合成立了海上丝绸之路（“南海Ⅰ号”）研究中心。这些合作机构的建立，为“南海Ⅰ号”和海上丝绸之路文化的深入研究提供了重要的支撑。

三、实施申遗改造工程，提高景区美誉度

根据国家、省主管部门和阳江市政府的统一部署，2016年11月，广东海丝馆实施了“南海Ⅰ号”申遗改造工程，主要包括“南海Ⅰ号”环境改造工程、陈列展示、附属工程项目三部分。其中，保护环境改造工程和陈列展示工程已于2017年8月顺利竣工。升级改造后，场馆基本陈列面积达到了12 000平方米，整体参观线路由800米增长至1500米，展出的文物、

展品由原来陈列的400多件增至2000多件。展览还把“南海Ⅰ号”的考古发掘现场融入展线中，为观众提供了多角度、全方位了解考古发掘的平台，突出“南海Ⅰ号”在海上丝绸之路的内涵和价值；努力擦亮“南海Ⅰ号”文化名片，强化对外宣传，唤起社会各界对文化遗产保护的认识和重视。2017年8月至2019年底，升级改造后的广东海丝馆已接待各界人士超180万人次，同比上升125%，获得了广泛的好评。

四、推动文物馆外展出，提高文化传播力

一是先后与湖南省博物馆、泉州海交馆、浙江龙泉馆、中国丝绸馆、广东省博物馆、中国南海（海南）博物馆、深圳市博物馆等单位合作，推动“南海Ⅰ号”文物在国内各大城市的广泛展出，极大地提升了广东海丝馆的行业影响力。

广东海丝馆游人如织

二是联合国家文物局水下文化遗产保护中心等单位，推动“南海Ⅰ号”文物于2022年赴英国国家海事博物馆等多个国际（欧洲）场馆巡回展出，向西方国家展示“南海Ⅰ号”的文化魅力及我国水下文化遗产考古和保护的成就，进一步诠释我国“一带一路”倡议的重要意义。

三是为配合粤港澳文化合作第十八次会议上签署的《粤港澳共同推动“一带一路”文化交流合作意向书》，促进粤、港、澳三地的沟通协商，共同推动与“一带一路”沿线国家和地区的文化交流合作。2018年4月18日至7月31日，广东海丝馆与澳门博物馆合作展出“深蓝瑰宝——‘南海Ⅰ号’水下考古文物大展”，在澳门博物馆展出99件（套）“南海Ⅰ号”出水文物。为增进香港市民对海上丝绸之路与古代中西方文化交流及历史的认识和了解，广东海丝馆与香港海事博物馆、广东省博物馆合作策划“东西汇流——13至17世纪的海上丝绸之路”展览，并于2018年8月14日至11月11日在香港海事博物馆展出。

四是于2018年参与由广州市文化广电新闻出版局联合马来西亚马中友好协会，塞浦路斯Lythrodontas区政府委员会，斯里兰卡西部省教育、文化、艺术、体育、青年事务及信息科技部等单位举办的“丝路花语——海上丝绸之路文化之旅”活动，加强“南海Ⅰ号”在海外的推介。

五、加强文创产品开发，提高公众认同感

从2018年起，广东海丝馆采取“走出去”和“引进来”相结合的办法，借鉴佛山市祖庙博物馆和广东省博物馆的成功经验，引进社会资本，与企业合作，通过抓销售端管理的模式加强文化创意产业项目的招商，加快文创产品的开发进程，使“文物活起来”。2018年以来，广东海丝馆先后与阳江手信文化传播股份有限公司、武汉市博丰文化创意有限公司、佛山市新石湾美术陶瓷厂有限公司、本真文化、儒夫子文化等文化创意经营单位合作，提取“南海Ⅰ号”珍品文物元素，结合我国传统文化理念，

开发出一系列造型精美、独特而又富有时代精神的文创产品。馆内专门开设文创展销区，并在互联网上开设了“南海Ⅰ号”淘宝店、微店，进行线上线下同步销售。现有20大类，共240种文创产品，包括茶叶类、工艺品类、明信片类、漆器类、生活用品类、食品类、陶瓷类、砚台类，以及“南海Ⅰ号”纪念币等。

2019年，广东海丝馆获得了广东省首批文化创意产品开发试点单位资格。2020年，广东海丝馆还与贺州学院合作举办“南海Ⅰ号”文创设计大赛，征集优秀文化创意产品设计方案。下一步将授权委托厂家生产文创产品，以满足广大游客的需求。

下面选取广东海丝馆的几件文创产品进行简单介绍。

（1）福禄双全瓶。福禄双全瓶一侧雕刻有“福”字和“鹿”图案，另一侧印有“广东海上丝绸之路博物馆”标志。福、禄皆为美好的祝福，祝愿奔向美好的生活，寓意鸿运当头。

产品设计创意来源：形状借鉴了从“南海Ⅰ号”出水的瓷器文物——福禄扁壶。“南海Ⅰ号”出水的福禄扁壶两侧均为鹿的图案，一侧为“福”字，另一侧为“禄”字。

文创产品——福禄双全瓶

“南海Ⅰ号”出水瓷器文物——德化窑福禄扁壶

文创产品——常满罐

“南海Ⅰ号”出水陶器文物——磁灶窑酱釉印章四系罐

（2）常满罐。常满罐一侧雕刻有“满”字图案，另一侧印有“广东海上丝绸之路博物馆”标志。寓意财源满满，运气满满，家庭、事业幸福满满。

产品设计创意来源：形状借鉴了从“南海Ⅰ号”出水的陶器文物——酱釉印章四系罐。四系罐是常见的实用存储器，可存储水、酒、食物等。

（3）佳偶天成茶具。佳偶天成茶具外印仰莲纹，内有四朵捏塑莲花、四组莲藕组成的分隔，外侧印有“广东海上丝绸之路博物馆”标志。寓意佳偶天成，天作之合。

产品设计创意来源：形状借鉴了从“南海Ⅰ号”出水的瓷器文物——青白釉外印花内捏塑花粉盒。粉盒外印仰莲纹，内有捏塑莲花、莲蓬组成的花枝分隔。

此三件作品为我省优秀中青年陶艺家林湘伟先生的力作。

“南海Ⅰ号”承载着和平合作、开放包容、互学互鉴、共建共享的丝路文化。“一带一路”倡议为广东海丝馆的发展带来了很好的机遇，广东海丝馆将继续秉承传播丝路文化、传承中华文明的理念，进一步加强“南

文创产品——佳偶天成茶具

“南海Ⅰ号”出水瓷器文物——德化窑青白釉外印花内捏塑花粉盒

海Ⅰ号”的保护发掘工作，搭建更多开放性的研究平台，推出更好的展览和更优的文创产品；积极推动对外文化交流与合作，不断提升“南海Ⅰ号”的行业影响力和文化传播力，以更好地服务人民日益增长的文化需求，更好地服务海上丝绸之路沿线国家的民心相通，提升中华民族文化软实力，助力“一带一路”建设。

大海船歌——“南海Ⅰ号”有艘仿古船

郭亨文

“连天浪静长鲸息，映日帆多宝舶来。”

——[唐]刘禹锡《南海马大夫远示著述兼酬拙诗辄著微诚再有长句时蔡戎未弭故见于篇末》

海上丝绸之路延绵两千年，跨越三大洲，是古代东西方文明交流的重要桥梁。唐宋时期，海上丝绸之路已经繁忙到了“舶交海中，不知其数”的盛况。海洋天堑变作海丝通途所依赖的就是人类发明的船舶。在东西方交流融汇的海路通途中，船拍浪花，在世间弹奏千年不息的海丝乐章。

“便撑舟野水，出航巨海。”

——[宋]姚勉《沁园春·寿婺州陈可斋九月九日》

中国船舶的历史悠久，从单纯利用自然树干放于河上试行乘跨起，到现代深海巨轮往返四海，都活跃着中国人的身影。我们确信，中华民族自古以来就是善于航海的民族。

唐宋时期，古代海上丝绸之路兴盛繁荣，当时中国造船航海的技术处于世界一流的水平。在广东省阳江市的广东海丝馆内，就完好保存着宋代海上丝绸之路的商船——“南海Ⅰ号”。

如今，在广东省阳江市的闸坡中心渔港内，在现代钢船的环抱之中，停靠着一艘与众不同的仿古船只。这艘引人注目的船只就是“南海Ⅰ号”

“南海Ⅰ号”仿古船

木制仿古船。这艘全实木打造的仿古帆船，船身颜色红黑相间，护栏绿漆雕花，显得古色古香。它底尖上阔，首尾高昂，船头和船尾分别用龙凤装饰，龙头旁边还有铜钱、鱼眼造型，十分精致美观。

“造海船，海旁朴斫雷殷山。

大船辟舰容万斛，小船飞鹘何翩翩。”

——［宋］周麟之《中原民谣·造海船》

1. 仿古船的设计

“南海Ⅰ号”木制仿古船，是由福建水密隔舱造船技艺国家级代表性传承人陈芳财先生设计的。这艘船参照宋代福船的制作方法、造船口诀和造船尺寸等资料，根据“南海Ⅰ号”目前所能掌握的有关数据，按1：1.1的比例仿制而成。

“然后方余皇，连舼舟，张云帆，施蜺帱”

——［汉］马融《广成颂》

2. 仿古船的风帆

最晚从汉代起，中国就有相当成熟的驶帆技术。能够利用八面来风，也是中国帆船的特点和优点之一。“南海Ⅰ号”仿古船有三个帆，按传统工艺以厚棉布涂以薯莨汁制作，仿古船能依靠风力行驶。

“倚舵秋江浒，明日片帆轻。”

——［宋］吴潜《水调歌头·开庆己未秋社维舟逸老堂口占》

3. 仿古船的尾舵

船尾舵，用于控制船只航海之方向。据目前研究的资料表明，中国舵的发明与应用大约在汉代，早于西方近千年。

仿古船的尾舵设一扇，舵杆长15米，面积16平方米，舵杆直径0.48米。舵杆与舵采用质地坚硬的盐木，为防止舵滑动，还设有止舵装置。舵上有吊眼，船壳上设有眼板，以供拆卸舵之用。

“舱通木井三年水，樯转铜乌万里帆。”

——［明］唐顺之《咏俞虚江参将四首·其四》

“南海Ⅰ号”仿古船的尾舵（圈内所示）

4. 仿古船的水密隔舱

中国船只的水密隔舱技术是对世界航海的一项重大贡献。水密隔舱技术能使船体破洞的淹水不波及邻舱，还能增加船体支撑和横向结构，使船更为坚固。

仿古船结构为二层组合横骨架式，主船体材料为梢木，船有12个舱，其中有9个舱装载压舱石以及日常生活用品。艌缝材料采用桐油、壳灰、麻绒，比例为1∶3∶1，填料选用麻绒、网纱、竹丝等纤维材料。艌缝先沿板缝开好灰路，下好底灰，然后逐步打入填料，反复打艌3~4遍，打烂打实。所有外板、甲板、水密舱壁板均采用双面艌缝，水密性良好。

"正是扬帆时，偏逢江上客。"

——［唐］皇甫冉《曾东游以诗寄之》

5. 仿古船展示

2014年和2015年，"南海Ⅰ号"仿古船建造完成后，便沿着古海上丝绸之路的路线，到达湛江和珠海两城，展示宋代辉煌的海洋文化和海外贸易历史。展示期间，来自四面八方的人们，争先一睹仿古船的真容，与800年前的南宋进行一场跨越时空的对话。

2015年春节期间"南海Ⅰ号"仿古船到珠海展览

“万货来从徼外舟”

——［宋］李光《阜通阁》

历史如歌，海上丝绸之路历久弥新。

今天的“一带一路”倡议赋予了丝绸之路新的寓意。

通过21世纪海上丝绸之路，世界各国在政治、经济、文化、艺术的交流中实现互通、互补、互利、共赢。

阳江的“南海Ⅰ号”仿古船，作为宣传海丝文化的代表，也将为构建人类命运共同体而砥砺前行。

参考文献

[1] 杨雪．映日帆多宝舶来［N］．光明日报，2013-12-9（12）．

阳江，不只是“船”说

何恭准

十里银滩，南宋古韵。你猜出这是哪个城市了吗？它就是拥有180°无死角银滩海景的阳江！

一、十里银滩

阳江位于广东西南沿海，东邻粤港澳大湾区，西融北部湾城市群，北同罗定市、云浮市新兴县及信宜市接壤，南临南海。自秦汉以来阳江便是交通要道。

阳江之名来源于“漠阳江”。古代阳江属于古越。古越语中“牛”为“莫”，“羊”为“阳”。“莫阳”就是牛羊的意思，说明这里是牛羊聚居地或市集。有江流经，取名“漠阳江”。而且，在中国古代地理中，山北水南曰阴，山南水北曰阳，阳江在江之北，所以叫阳江。这个滨海城市，海岸线长达458.6千米，主要岛屿有40个，海岛岸线长135.1千米。最长河流为漠阳江（广东六大江河之一），全长199千米，南北贯穿阳江，自北向南流入南海。阳江更有广东第四大海岛——海陵岛，以及载入吉尼斯纪录的十里银滩。

这么“亲海”的地理环境，虽然夏天是太招“风”了点，但它的海上贸易不容小觑，从古到今，阳江一直是海上丝绸之路的重要节点。

二、丝路驿站

唐代李吉甫的《元和郡县图志》岭南条下有这样的描述："是州（唐代恩州治，今阳江）滨海，……凡自广（州）至勤、春、高、潘（州）路所必经。海滨旧置传舍，人惮波涛，因辟新路传舍，惟徒步出使与递符牒经过耳。然因当五州要路，颇有广陵（扬州）、会稽（绍兴）贾人船循海东南而至者，故吴越所产之货物不乏于斯。"可见，在唐代，无论从广州府还是江浙往来的中外商船都要经停阳江，中外各色货物浩浩荡荡聚集于阳江港，待办理相关手续和进行补给后，再启程去往各自目的地。

北宋时期的阳江，是海上丝绸之路重要的中转港、补给港，还拥有以石湾窑为代表的外销瓷器。它是广州南下水陆交通必经之地，又是西江流域的出海捷径，是构成海上丝绸之路的重要部分。

北宋中期的文学家、恩州知州张师正所著的《倦游杂录》，为历史资料颇少的阳江留下了珍贵的史料。据其记载，北宋时的阳江为广南东路一个重要州城，又是下五州必经之路，所以有"当五州之要路，介二广之提封"之称。他笔下的阳江，经济发达，能工巧匠众多，海鲜价廉物美，山岭遍布沉香木，广陵、会嵇商船沿海而至，吴越物产畅销。

阳江更是历史上东西方友好往来的重要桥梁，清朝同治年间，阳江县城有商店500多户，其中外籍商人开设的商店达121户。

三、海丝"船"说

阳江作为古代海上丝绸之路的重要节点，它的海丝遗存可不一般。1987年，阳江海域发现了一艘南宋时期沿海上丝绸之路向外运送瓷器时不幸失事沉没的木质古船。预估船上载有文物6万~8万件，有不少还是价值连城的国宝级文物。这艘被命名为“南海Ⅰ号”的古沉船，是迄今为止世界上发现的海上沉船中年代较早、船体较大、保存较完整的远洋贸易商船。

参考文献

[1] 文豪，许兆欢．阳江海上丝绸之路文化遗存概况［J］．南方论刊，2015（7）：88-90．

“海丝路·聆花语——‘南海Ⅰ号’文物纹饰雅赏”展览介绍

郭亨文

“南海Ⅰ号”是我国迄今为止发现的年代较早、体量巨大、保存相对完整的沉船。“南海Ⅰ号”船载的贸易品，是宋代海上丝绸之路的东西方经济、文化交流的实物遗证。在这批贸易品中，不仅有饰中国花鸟山水纹的器物，而且有各自传统的造型纹样装饰的器物，更有两者互相融合的印记，体现出古代海上丝绸之路鼎盛时期东西方人民在生产、生活和风俗之间的影响和联系。

“海丝路·聆花语——‘南海Ⅰ号’文物纹饰雅赏”展览主题展示板

展厅实景

本次展览以古海上丝绸之路的贸易品的纹饰和造型为切入点，在“南海Ⅰ号”沉船出水的外销陶瓷器、黄金饰品、金属货币等文物中，精选200多件具有代表性造型纹饰的文物对其装饰进行阐述。文物上那些透过展柜很难看清的细小纹饰，比如花草植物、几何、动物鸟兽以及人物故事纹饰等，还有“南海Ⅰ号”钱币、墨书和黄金饰品纹饰等内容，都清晰地展现在观众眼前，让观众进一步了解古代东西方社会民众交流互通的历史。

1. 飘海花香——花草植物纹饰

植物，树木花草之总谓，植物纹样之根本。

中国的花草植物纹饰诞生的年代久远，先民在认识自然、改造自然的过程中，形成了以植物纹样进行装饰的行为。在中国，随着农业文明的发展，在河姆渡文化、大汶口文化、仰韶文化等的刻划纹饰与彩陶纹饰中出现了反映农耕生活的植物纹饰。随着时间的推进，植物纹饰不断演进，被赋予了更多的寓意。

宋代，海上丝绸之路贸易鼎盛，经济发达，城市繁荣，科学技术进步。中国通过海外贸易输出自身的先进文化，同时吸收域外优秀文化，东西文化融汇成世界性的人文风情。宋代的审美取向由唐代的繁复华美转为淡雅简约，此时的装饰美术也被誉为古代美术的又一高峰。“南海Ⅰ号”出土的文物大量装饰有花草植物纹饰，把中国韵味传播至海上丝绸之路沿线的诸多国家。

如“南海Ⅰ号”出水的福建德化窑青白瓷军持，其颈部中间印一圈凸棱，下部印两圈弦纹，肩部四组卷草纹，两圈弦纹，其下印一圈缠枝花卉纹，腹部印花叶纹，其下两圈弦纹，近底处印仰莲瓣纹。

福建德化窑青白瓷军持（“南海Ⅰ号”出水文物）

军持，是梵语“Knudikā”的音译，亦译作君持、捃稚迦等，即水瓶，是佛教僧侣饮水、洗手等所用的器物，是他们随身携带的佛教“十八物”之一，后亦为伊斯兰教教徒所用，用于朝圣途中盛水。[①]它最早是佛教祭祀用的器皿，后随佛教的中国化而进入百姓日常生活之中。从唐代至清代的南北窑口均持续生产军持，并大量出口。历代生产的军持品种丰富，时代特征鲜明。

2. 巧工为妙——几何纹饰

几何纹样是非写实性规则图案的概括性称谓，它是人类最早使用的装饰纹样，是以点、线、面为基本元素创造出的符合形式美法则的典型纹

①张亚林，徐艳丽．从军持造型的演变看设计的形式与功能［J］．佛山陶瓷，2008（6）：24.

样。几何纹样式样繁多，常作为辅助纹饰置于器皿边沿、口足肩部，多作为肩饰和边饰出现。[①]

浙江龙泉窑青釉四方瓶（“南海Ⅰ号”出水文物）

宋代是陶瓷艺术发展的高峰时期，人们的审美趋向于恬静淡雅，所以宋代外销陶瓷造型独特，鲜有繁复装饰，讲究神、气、韵。“南海Ⅰ号”所载的器物几何纹样素雅，以其细腻的纹路和简洁的表现手法形成了独特的艺术风格。这些几何纹饰富有规律美且寓意吉祥，既满足了宋人的审美需求，又通过海外贸易向海外诸国传播了中国文化。

3. 吉祥瑞兽——动物鸟兽纹饰

“南海Ⅰ号”出水文物中的动物纹样题材丰富，可以分为写实动物和虚幻动物两类。写实动物纹样包括沿丝绸之路传入中国的动物纹样，如狮纹等；还包括中国本土的动物纹样，如鹿纹等。虚幻动物纹样则有龙纹、

二龙戏珠金镯

①郭琳琳．浅谈宋代陶瓷几何装饰纹样［J］．商业文化，2012（1）：334．

凤纹等民间传说或者宗教中的动物。各种动物纹样都被赋予了不同的寓意。

4. 妙笔有神——人物故事纹饰

人是人类社会的主体，也是艺术品最常见的描绘对象。人物纹样是中国古代陶瓷上最常见的纹样之一，一般选用的人物素材有：婴戏、仕女、高士、神话人物、历史人物、戏曲人物、市井人物等。这些人物形象无论是表情还是肢体语言都在陶瓷上得到了很好的表现，充分体现了陶瓷工匠精湛的技艺。

传统人物纹饰根植于乡土基层、平民大众。“南海Ⅰ号”外销陶瓷中的人物纹饰基本由工匠在工作实践中创作，它与人们的生活、生产、风俗习惯有着密切联系，因此，深受海外大众的喜爱。

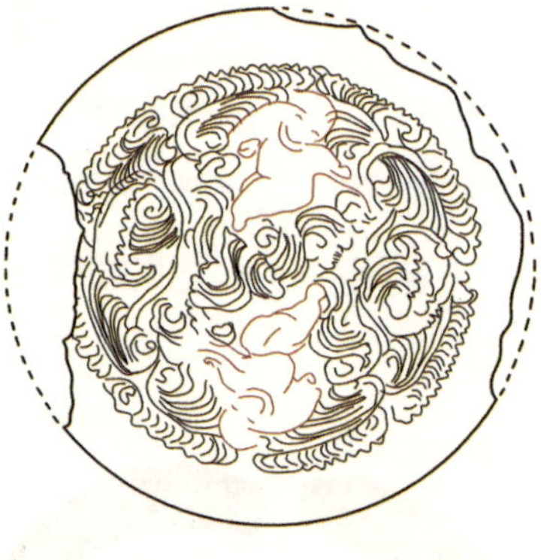

江西景德镇窑青白釉婴戏纹①碗

5. 货船开洋——“南海Ⅰ号”的钱币和墨书

中国是一个文明古国，种类繁多、千姿百态的货币不仅是我国文化史中璀璨的明珠，也是我国社会历史发展的有力见证。海上丝绸之路是古代中国和外国进行商品贸易和文化交流的重要通道。在海上丝绸之路沿线上

①婴戏纹即描绘儿童游戏的画作。

金叶子

有不少古代沉船，在这些沉船中常发现有古代中国货币，证明了这一时期中国与周边国家海上贸易的兴盛。

“南海Ⅰ号”沉船是古代海上丝绸之路的实物遗存，船上不仅出水了大量的金属货币，还出水了计量工具——砝码秤、辨别黄金真伪的工具——试金石，以及有文字信息的墨书。金属货币包括金、银、铜三种，按形制可分为金叶子、碎金、银铤、银铤凝结、碎银、铜钱等。

金叶子也叫“金箔”，是用黄金锤成的薄片。“南海Ⅰ号”目前共出水8枚金叶子。每枚金叶子由数张金片叠加，折叠后呈书页状。

金叶子正面砸印铭记，上面印有“韩四郎”“韩五郎”“霸南街东”“王帅教置”“十分金”“十分赤金”等铭文。

6. 东西映辉——“南海Ⅰ号”的黄金饰品

在古代，人们一直视黄金为贵重之物。用黄金制成的精美绝伦的器皿及饰件，更被世人视作珍宝。黄金制品不仅具有本身的实用价值，还有艺术上的审美价值。宋代，海上丝绸之路的兴盛带动了城市的繁荣与商品经济的发展，金器不论是贵族还是平民都能享有。

“南海Ⅰ号”出水的金器包含阿拉伯风格、辽地风格、宋地风格这三种风格。[1]反映了当时中国繁荣发达的海洋贸易使各地联系紧密。“南海Ⅰ号”出水的金饰形制繁多、造型独特、制作精巧，运用了编织、焊接、掐丝、镶嵌等工艺，显示出极高的工艺水平。纹饰以錾刻为主，也见阴刻纹饰。所见的装饰纹样主要有花卉纹、卷草纹、几何形纹、联珠纹、篦点纹、龙纹等类型。[2]

金双重顶链犀角形牌饰项链

①国家文物局水下遗产保护中心，广东省文物考古研究所，中国文化遗产研究院，等．“南海Ⅰ号”沉船考古报告之二：2014—2015年发掘（下）［M］．北京：文物出版社，2018．
②同上。

“丝路美陶湾——广东石湾陶艺精品展”介绍

郭亨文

为积极贯彻党的十九大提出的新时代文化建设的要求，展现中华文化的魅力与时代风采，传承并繁荣海丝文化，广东海上丝绸之路博物馆与佛山市新石湾美术陶瓷厂有限公司（以下简称“新美陶公司”）联合主办了“丝路美陶湾——广东石湾陶艺精品展”。这是2018年广东海丝馆和石湾陶艺联袂向社会各界推出的一次文化盛宴。

广东石湾陶艺历史悠久，石湾陶窑是岭南地区著名民窑之一，以陶塑和建筑陶瓷著称。在古代的对外贸易中，石湾陶艺产品沿着海上丝绸之路大量出口，深受海上丝绸之路沿线国家人民的喜爱。中华人民共和国成立后，石湾陶艺更是繁荣发展，取得了新的辉煌。

本次展览主要介绍石湾陶艺的历史、技艺和海外贸易等内容。展期为2018年5月25日至10月18日。展览展出的石湾陶艺精品共计80余件（套），皆为名师大家之作。这些展品具有浓厚的地方特色，其生动传神的造型、浓厚朴雅的釉彩，广受海内外赞誉。

一、阳江石湾窑与佛山石湾窑的渊源

阳江石湾窑有着辉煌的历史，尤其以宋代为盛。清雍正年间所修的《广东通志》记载：“广东陶器，宋代以阳春、阳江为最著。”英国人波西尔在其所著的《中国美术史》（1923年商务印书馆出版）中赞道：“阳春之南有县曰阳江，与阳春同隶于肇庆，而较阳春距海尤近，广窑中最著名之窑也。其窑质致密坚固，极耐磨折……昔曾有此窑所制之宝蓝瓶，自北京宫中发出，（乾隆时期）交唐英（当时的督陶官）在官窑中依式仿造，其精巧可知也。”

学术界有重要的观点认为：阳江石湾窑与佛山石湾窑之间有很强的联系。宋代李景诏所著的《石湾陶业考》一书记载：“宋来阳江工匠曾迁东莞开窑……厥后再迁石湾……少数石湾陶工，尚有遄返阳江省墓者……”清末民初的许之衡在《饮流斋说瓷》中写道：“广窑，宋南渡后所建，在广东肇庆阳江。……广窑在粤名曰石湾，盖南海县佛山镇之一村名也。自明时已迁于此，宋阳江古窑，今日早已消灭矣。”

二、佛山石湾陶艺获授权开发“南海Ⅰ号”文创产品

新美陶公司成立于1956年，至今已有60多年历史，一直拥有最出色的陶艺创作队伍，现拥有9位国家级大师、6位省级大师以及大批有潜力的陶艺新秀，对石湾陶艺的传承和发展有着深远的影响。该公司专业生产陈设艺术陶、建筑艺术陶、装饰艺术陶、日用艺术陶等多个系列产品，经过几十年不断探索、不断耕耘、不断创新，创作出一批又一批工艺精湛、意蕴丰富的陶艺佳作。

新美陶公司的陶塑人物曾连续三次获国家金质奖，陶塑动物获中国工艺美术品百花奖银杯奖，微塑、器皿获广东优质产品奖。该公司曾连续五次跻身全国工艺品制造行业十强之列，先后荣获中国陶瓷行业名牌产品、

广东省陶瓷行业杰出企业、佛山十大区域文化产业品牌、《佛山陶瓷》卓越贡献奖等荣誉，被授予中华老字号、广东省老字号等称号。公司更是先后被评为国家文化产业示范基地、国家级非物质文化遗产生产性保护示范基地、全国工业旅游示范点、广东省传统工艺美术产业保护和发展基地。

本次展览同时促成了“南海Ⅰ号”海丝文化遗产与石湾陶艺在文创开发上的合作。广东海丝馆与新美陶公司提取了“南海Ⅰ号”珍品文物元素，结合我国传统文化理念，运用石湾陶艺精湛技艺，开发出了一系列造型精美、独特而又富有时代精神的文创产品。这些作品构思新颖、题材丰富，性价比较高，极具收藏价值。此举旨在让古老的文化遗产重新“活”起来，使海上丝绸之路文化遗存实现创造性转化和创新性发展。

“南海Ⅰ号”文创闪耀东方之珠

——广东海上丝绸之路博物馆文创产品参展2019年香港国际授权展

郭亨文

2019年1月7日至9日，广东海丝馆携“南海Ⅰ号”文化创意产品，走进2019年香港国际授权展。这是以“南海Ⅰ号”文化遗产作为主题的文创产品首次参加亚洲区内同类型规模最大的授权展。这是“南海Ⅰ号”文化遗产保护开发工作在2019年的良好开端，有力地推动了“南海Ⅰ号”文化品牌走向世界。

香港国际授权展中国内地馆开馆仪式

2019年香港国际授权展由香港贸易发展局主办，至今已举办了17届，已发展成亚洲区内同类型规模最大的展会。本次授权展地点设在香港会议展览中心，云集全球超过400家参展商和相关机构，日本、韩国、马来西亚、泰国、印度尼西亚等国家及地区组团参展，展出超过1000个品牌的授权项目，为授权业界搭建一流的国际沟通、交流和合作平台。

本届香港国际授权展中国内地馆由文化和旅游部主办。来自北京、上海、重庆、安徽、山东、湖南、广东、广西、四川、宁夏等10个省、直辖市、自治区的文化机构和企业共同组成了中国内地馆的参展阵容，带来了非物质文化遗产、博物馆文创、动漫影视、艺术品与创意设计、文化旅游和版权交易等授权产品。庞大的内地馆参展阵容成为香港国际授权展的亮点。

“南海Ⅰ号”文创产品走进授权展

本次参展商授权内容分为六大类，涵盖文博文物、文创设计、动漫游戏、非物质文化遗产、版权交易等内容，并首次引入了当下热门的文化旅游授权开发概念。 广东海丝馆于2017年正式启动文创开发工作，采用“联合开发”模式，与佛山新石湾美术陶瓷厂有限公司等6家公司达成战

广东海上丝绸之路博物馆展位

“南海Ⅰ号”瓷器系列，是精选“南海Ⅰ号”船载陶瓷器文物，运用石湾传统陶瓷技法创造出的具有美好寓意的文创产品

略合作，将“南海Ⅰ号”文物元素与不同品类的产品相融合，形成了蕴含“南海Ⅰ号”文化元素的8大类131种文创产品。2018年11月，广东海丝馆还成功申报广东省首批文化创意产品开发试点，为日后的文创产品开发争取了政策支持。本次展会，广东海丝馆作为香港贸易发展局邀请的广东省内三家博物馆之一，不但展示了瓷器、漆器、船模等系列的文创精品，还在展会上展示了学术研究、陈列展览、公众教育等方面的工作成效。在展会首日，便吸引了众多合作商前来洽谈。

“南海Ⅰ号”漆器系列，是借鉴“南海Ⅰ号”出水文物——绿釉玉壶春瓶的造型，运用阳江传统的漆艺（非遗技艺）创造的阳江本土特色和海上丝绸之路文化相融合的文创产品

广东海丝馆在展会上也展示了部分最新的学术研究成果。图书《阳江木船传统建造技术与风俗》便是其中的代表。该书是2017年阳江市哲学社会科学规划课题的优秀成果，由广东科技出版社出版，全书全彩精装。该书数据翔实、资料丰富，图文并茂地讲述广船的代表类型——阳江木船的传统建造技术与风俗、历史及现状，具有较强的资料性和可读性。

《阳江木船传统建造技术与风俗》

除了“南海Ⅰ号”文创产品和广东海丝馆陈列、宣教等方面的展示之外，广东海丝馆的代表还参加了同期进行的“亚洲授权业会议”（中国内地馆授权和文化旅游论坛）。这次会议吸引了全球超过1200位授权业代表参加。广东海丝馆一方面向业内顶尖专家、学者学习国际先进的文创产品开发和授权业发展的经验和模式，另一方面利用该平台，宣传和推广“南海Ⅰ号”和海上丝路文化品牌，拓宽文化旅游的国际化客源，积极挖掘自身授权潜力和探索文化遗产保护开发的新机遇。

2019年年初，广东海丝馆推出“南海Ⅰ号”VR科技探秘之旅文创旅游项目，运用VR影片、互动投影、三维技术等虚实结合的手段，建设“南海Ⅰ号”数字化信息展示项目。该项目共有四个部分：海上丝绸之路历史主题互动航海墙、“南海Ⅰ号”三维文物展示、“南海Ⅰ号”VR体验传奇、海底世界VR体验。观众可在一个文化信息足、技术含量高、交互手段丰富的数字化科技空间里，通过VR体验设备，身临其境地体验不一样的“南海Ⅰ号”故事，感受古代海上丝绸之路的灿烂历史文化。

“南海Ⅰ号”文化遗产是先辈们传承下来的宝贵财富，授权这种形式，可以为文化创意产品注入更深刻的内涵和拓展其外延，展现出多种商业模式。这一方式可以让文化遗产、旅游和现代生活相融合，让我国优秀的传统文化焕发出新的生命力。在新时代下，广东海丝馆践行“让收藏在库房里的文物、陈列在广阔大地上的遗产、书写在古籍里的文字都活起来”，将通过提升学术研究、陈列展览、宣传教育等水平，以“南海Ⅰ号”文创产品为重要突破口，将设计理念和“南海Ⅰ号”的研究成果紧紧结合，力争设计出形式多样、款式新颖、符合社会潮流和民众需求的文创产品，以此带动文化产业的进一步升级，实现文化遗产的传承和可持续发展，也把“南海Ⅰ号”文化品牌传播至世界。

中山大学与阳江市人民政府海上丝绸之路（“南海Ⅰ号”）研究中心揭牌成立

龙志坤

2018年12月15日，广东海丝馆左章杰副馆长应邀出席了中山大学社会学与人类学学院建院十周年纪念大会，并代表阳江市为中山大学与阳江市人民政府海上丝绸之路（“南海Ⅰ号”）研究中心揭牌。

阳江地处广东西南沿海，背山面海，山海兼优，自古以来，就是海上丝绸之路重要的节点城市，留下了高凉古港、大澳古港、北津古港、海朗城等丰富的海丝遗存。“南海Ⅰ号”的发现为海上丝绸之路的千年传承提供了最为重要的实物佐证。

“南海Ⅰ号”古沉船是迄今为止我国水下考古最重要的发现之一，是当今世界上海上丝绸之路文物数量最多、最完整、最集中的文化载体。古沉船以相对完好的船体、珍贵的文物向世人展示了我国南宋时期海上贸易的盛景。更重要的是，它所承载的文物反映了我国宋代的社会生产、生活、文化艺术与先进科学技术，为研究古代造船技术、航海技术、对外贸易史提供了重要的实证。

中山大学是国内知名学府，在海丝文化研究和海洋出水文物保护等方面都具有较高的科研水平。近年来，为加快推进文物保护研究工作，进一步挖掘海丝文化，更好地做好“南海Ⅰ号”的保护、研究和利用工作，广东海丝馆与中山大学已开展多项合作项目，部分项目已取得了研究成果，

“南海Ⅰ号”宣传视频在中山大学社会学与人类学学院建院十周年纪念大会上播放

其中“南海Ⅰ号”出水陶瓷器的保护已申请了国家专利。在此基础上，阳江市人民政府和中山大学为携手深入开展“南海Ⅰ号”及其所承载历史信息的研究和传播，决定建立中山大学与阳江市人民政府海上丝绸之路（“南海Ⅰ号”）研究中心。

我们相信，中山大学与阳江市人民政府海上丝绸之路（“南海Ⅰ号”）研究中心的建立，必将有利于双方共同开展相关的科研课题研究，促进海丝文化的传承与发展，推动学术成果的应用，为弘扬我国海洋文化，讲好中国海丝故事，为中华民族文化自信提供有力的支持。对推进广东海丝馆研究工作、创建国家一级博物馆以及推动“南海Ⅰ号”参与海丝申遗，促进阳江地方经济建设等具有重要意义。

广东海丝馆左章杰副馆长与中山大学社会学与人类学学院张应强院长、郑君雷副院长、朱铁权副教授共同为研究中心揭牌。中山大学朱铁权副教授在揭牌仪式上介绍了研究中心的建设规划。

广东海上丝绸之路博物馆成为粤西文物考古工作站副站长单位

林唐欧

为了充分利用全省各个区域的民俗资料及地方性考古资料，促进各博物馆之间的交流，加强文物保护，广东省文物局决定成立全省区域性文物考古工作站，已成立粤东、粤北、粤西三个文物考古工作站并对首批队员进行了培训。粤西文物考古工作站成立开班、授牌仪式在2018年12月11日举行。粤西文物考古工作站设在湛江市博物馆，是站长单位，负责组织协调以及管理等事项；而各参与的博物馆则为副站长单位，共有4个，分

粤西文物考古工作站授牌仪式

别为茂名市博物馆、阳江市博物馆、云浮市博物馆以及广东海丝馆。工作站队员基本由各个区域的地方市、县、区博物馆的专业人员组成，一共29名，都是来自各个市、县、区的一线文物考古工作者，曾参加过田野考古调查工作，均有着丰富的田野调查发掘经验。

在开班仪式上，广东省文物局龙家有局长发表了致辞，说明了省成立工作站的想法和初衷，也对今后提出了明确的要求。龙局长指出，区域考古现在已经是世界各国考古的一个趋势，是一个较为新颖的流行学术方向。成立区域工作站是省里领导经过长时间考虑，认识到目前全省考古工作中存在的不足，为了更好地推动历史的发展，服务广东考古事业的发展大局，改变当前只靠一两个单位进行全省的考古工作，只做一些配合基建式的考古显得穷于应付和疲于奔命的局面而做出的重要部署。成立工作站就是为了扩大调查发掘的范围，扩大人员队伍，彻底改变被动工作的局面。工作站的经费除了建设单位承担外，地方财政也要承担部分。在地方范围内所有的大型建设在开发土地之前都要进行文物评估，即先进行文物调查，出具考古调查发掘报告意见后才能进行建设开发。

在考古资料整理方面，由于目前考古发掘单位太少，只能忙于抢救性考古发掘，有的古遗址挖了几十年，报告还没有整理好，工作人员已经退休了，材料都没有上交。这不利于整合资源和发挥材料的重要性，因为考古资料影响到文物点的保护规划，没有考古资料就难以开展文物点的保护和后续的研究工作。

成立工作站另一个很重要的原因就是很多考古专业毕业的学生到市县博物馆工作之后，由于没有项目，长期不考古，专业技能也慢慢地生疏荒废，对个人事业的发展是一个阻碍。区域性考古在全国是首创，在新的时代，广东考古事业还是走在前列的，开展了很多考古项目，并成立了国内第一个考古发掘团体——中华考古学会。新的工作方法、新的机遇让广东经历了考古的黄金时期，在基建、水下考古等方面都取得不小的成就。

创建区域考古工作站，旨在推动全省的区域平衡，协调发展，整合人才；进行文物资源共建共创，依托独立法人单位，把分散的资料利用起来。工作站就是一个平台，有项目组，有负责人，每年至少有一个项目，有工作内容，有时间在一起共事，进行交流。工作站要长期办下去，便于资源共用、人才整合、统一调配，为实现同一个目标共同努力，出成果；走出封闭性、行业狭窄性、资料封闭性等困境，创造一个充满竞争的开放性的事业，而不是在小圈子里玩的事情。

最后，龙局长提出今后工作的要求：粤西文物考古工作在全省来说应该是最弱的，比不上粤北、粤东等地，但粤西地区也是沿海丝绸之路带，很多项目都可以去做。借此机会应该好好珍惜，把它运作好。这次培训中各学员都来自粤西市、县博物馆，希望大家认真学习，勤于思考，在工作中学习，在实践中提高，学以致用。

粤西文物考古工作站首批队员培训班的培训时间为2018年12月11—24日，为期14天。培训内容分为基础理论学习和田野考古调查实习两部分。

一、理论课学习

讲授理论课的有以下几位教授。

郑君雷教授，中山大学社会学与人类学学院副院长，博士生导师。主要讲授“考古学导论”“岭南——中国考古学和文化史上‘真正的南方’”。概括介绍考古学的学科属性（即研究目的和对象）、学科框架、理论方法、发展历程和趋势，基础考古工作者的业务素质要求以及岭南地区在中国考古学和文化史上的特点。

许永杰教授，中山大学教授、博士生导师。主要讲授“古代遗址田野考古调查”“遗址博物馆的营建”。许教授指出，调查是田野考古工作的基本方法，可以独立解决田野考古中需要解决的问题，而且这种方法是其他方法所不可替代的。许教授还就中国遗址博物馆的兴起和发展情况做了介绍。

刘文锁教授，中山大学教授、博士生导师。主要讲授“海上丝绸之路与海洋文化遗产调查研究”，讲述“丝绸之路”与“海上丝绸之路”的概念，历史记载中主要的考古发现，海上贸易网络、海上文化交流，外销瓷的生产与贸易等，并结合自身的课题研究介绍广东沿海地区海洋文化遗产调查和研究的方法、内容等问题。

王宏教授，中山大学人类学考古教研室主任，中国社会科学院古代文明研究中心客座研究员。主要讲授“西樵山遗址与西樵山文化”“南越国历史与南越国考古”。王教授重点讲解了西樵山石器分类、有肩石器的研究、西樵山文化争议，介绍了南越国历史、遗址、墓葬考古主要成就、研究等。

此次理论课的讲授老师阵容强大，学识渊博，不仅理论基础扎实，更注重田野实践和研究能力，并且结合自身的考古实践经历进行讲授，既生动活泼，又丰富有趣，让单调的田野考古调查工作增添趣味，学员们都受益匪浅。

成立粤西文物考古工作站，广东海丝馆积极响应，派出由曾超群馆长带领的6名工作人员。在培训期间，大家都认真学习考古理论和田野实习等课程。广东海丝馆是这次培训参与人数最多、专业性较强的单位，其中4人是中山大学人类学系考古专业毕业，并且有2人为考古专业研究生。“南海Ⅰ号”古沉船是国内外影响较大的著名沉船，是迄今为止世界上发现船体较大、保存较完整、出水文物数量较多的南宋时期远洋贸易商船，其有着丰富的文物遗存和文化内涵，与整个南海丝绸之路历史的研究息息相关，并且馆内的发掘还在继续进行。“南海Ⅰ号”的发掘对世界考古界产生很大的影响，也得到社会各界的广泛关注。阳江作为南海古代丝绸之路航线上的一个中转站，有着优越的地理位置和丰富的海洋文化遗存。由我馆组织的“阳江海洋文化”“阳江木船”两个课题的调查工作已完成并已将成果结集出版，取得可喜的成绩，今后对整个粤西地区的海洋文化、古代丝绸之路研究将起到重要的作用。

二、田野考古调查实习

田野考古调查实习地点选择在广东省湛江市徐闻县二桥村附近，此地点对粤西区域考古具有深远的意义。徐闻县作为古代海上丝绸之路的始发港，不仅历史底蕴深厚，历年来还出土了大量海外舶来品和汉代的遗迹遗物，对研究整个海上丝绸之路有着不可替代的历史地位。

徐闻县，地处中国大陆最南端，临琼州海峡，与海南岛隔海相望，是南海疆域的前沿要地，扼大陆通往南海和东南亚之咽喉，自古以来为兵家驻防和商旅贸易之要地。两千多年前，徐闻就是海上丝绸之路的始发港，商贾云集，百舸争流，对外贸易盛极一时。东汉班固的《汉书·地理志》载："自日南障塞、徐闻、合浦船行可五月，有都元国；又船行可四月，有邑卢没国；又船行可二十余日，有谌离国……自夫甘都卢国船行可二月余，有黄支国，民欲略与珠崖相类。其州广大，户口多多异物。自武帝以来皆献见……"。唐代李吉甫的《元和郡县图志》记："……汉置左右候官，在县南七里，积货物于此，备其所求，与交易有利。故谚曰：'欲拔贫，诣徐闻。'"在大量古籍记载中，徐闻是古代海上丝绸之路最早的始发港。从考古出土资料来看，汉代的遗迹遗物更比比皆是。20世纪90年代，大量汉墓被陆续发掘，如陈英迈汉墓、海安广安汉墓、徐城英含埚汉墓、南山汉墓、二桥东岗岭等，共300多座汉墓；1988年，省文物考古工作者在徐闻南山二桥村后坡发现西汉元鼎六年在徐闻建置的治所遗址，出土文物中有"万岁"瓦当、大量的绳纹板瓦、筒瓦、汉印，以及大量的生活器皿等，都足以佐证徐闻在汉代的历史地位。

此次田野考古试掘由省考古所刘长博士带队，邹俭平、孙江山为技术指导。发掘点位于二桥村西南方向，距二桥村1千米左右的台地上，四周平缓，长满灌木，海拔15~25米，南临琼州海峡，西面距离大海约400

米。为附近村民旱耕地，表面较为平坦，面积约200平方米，共布置5米×5米的探方8个，每组负责一个。发掘中严格按照田野考古发掘操作规程，采取平剖面相结合的方法，根据土质土色和包含物划分地层和遗迹单位，依其叠压和打破关系，自上而下、由晚到早逐层揭露并清理地层和遗迹，认真采集各类遗物标本，对各堆积单位进行文字描述、拍照和全站仪测量等，力求全面科学地反映遗址所包含的文化信息。出土了大量泥质红陶、灰陶等筒瓦、板瓦，器物多为生活器皿，大都不完整，仅剩下口沿、底部部分，纹饰多为方格纹、篦点纹、绳纹、方格纹加戳印纹等。学员还依据土质土色进行分层，绘制平面图、四壁剖面图，描述记录等基本的考古技能得到全面提高。

另外，还进行了田野调查，调查主要集中在二桥村附近的自然村落、台地、旱耕地。通过田野调查，学员们掌握了利用现代导航地图进行遗物遗址点的定位、区域划分、面积计算、轨迹记录等；当发现遗迹遗物时，知道如何登记考古调查表以及遗址调查记录表等，能对地理环境、地

清理遗址表面

绘制遗址平剖面图

表、采集情况进行文字记录、拍摄、钻探等工作。田野调查最有效的方法是用拉网式的调查，即把收集到的所有资料进行记录之后再分类整理。此次调查共发现4个遗址点，表面遍布陶瓷片，学员们逐一登记记录，采集表面裸露的遗物。从采集的陶瓷片来看，该遗址涵盖多个历史时期，从汉唐到明清都有，主要集中在汉唐时期。整个二桥村遗址性质和文献记录基本吻合。

在此次考古试掘、田野调查中，每个学员早出晚归，吃苦耐劳，以认真、严谨的精神，在融洽的气氛中完成了整个培训任务。

三、粤西文物考古工作站的意义和前景

粤西地区的文物工作较为分散，基础薄弱，经费少，面对大型土地开发建设时，很多文物工作无法展开，导致很多具有历史价值的文物点遭到破坏。随着工作站的成立，对地方性的历史研究不够重视等问题将得以改

善。文物是一种不可再生的资源，必须对其进行科学的保护和研究，才能更好地服务当地的经济文化建设。今后，粤西地区将综合区域内的人才资源，加强区域间的合作，设立项目开展研究，对区域内的文物进行最大程度的保护利用。工作站的成立对研究当地的民俗、宗教信仰，以及整个南海海上丝绸之路史将起到不可估量的作用。

参考文献

[1] 崔勇. 广东徐闻县五里镇汉代遗址 [J]. 文物，2000（9）：35-41.

[2] 崔勇. 徐闻二桥村汉代遗址与汉代徐闻港的关系 [J]. 岭南文史，2000（4）：34-38.

[3] 何经生，吴振华. 广东徐闻东汉墓——兼论汉代徐闻的地理位置和海上交通 [J]. 考古，1977（4）：268.

“南海Ⅰ号”文物赴澳门博物馆展出

冯正腾

清代诗人印光任赞咏道：“海天多气象，烟雨得青洲。蓊郁冬疑夏，苍凉春亦秋……景比潇湘胜，何人远倚楼？”澳门自古环境优雅，山地岛屿树木葱郁，扼珠江口西岸，曾是经济贸易中心。1535年，澳门作为对外通商口岸开放。16—17世纪，转口贸易经济十分发达，基本垄断了中国-印度-葡萄牙、中国-日本、中国-菲律宾-墨西哥-秘鲁三条航线贸易，是远东最重要的国际贸易港口。①

有人说澳门文学的源头是文天祥的《过零丁洋》，②这段历史与澳门的兴旺和发展有重要关系，是澳门开埠的起点。当时随着南宋末军民的南迁，有大量汉人在此定居下来，休养生息，打鱼为生，所以13世纪南宋的灭亡和文天祥的名句，可以说是澳门历史的转折点。③澳门位于伶仃洋边，在16—17世纪时期是海上丝绸之路的连接点，地位相当于陆上丝绸之路的敦煌。澳门的外贸打破了中国传统的对外贸易体制，催生了世界市场的形成。④澳门是中西文化交流的中心城市，这里曾有西学东渐、东学

①刘锡涛．澳门历史地理述略［J］．固原师专学报，1999（5）：4-7.
②梁若梅．关于澳门文学的思考（摘录）［J］．世界华文文学论坛，1991（2）：63.
③钟立红．澳门与文天祥［J］．金融科技时代，1999（7）：59.
④耿昇：《蓬勃发展的中外关系史研究》，载《三条丝绸之路比较研究学术讨论会论文集》，2001年，第6～81页。

西传。特别是西方宗教，首先在澳门立足，再向内地宣传[①]。

结缘“南海Ⅰ号”，弘扬海丝文化，配合“一带一路”沿线国家和地区的文化交流、“粤港澳大湾区”的合作框架，重塑海上丝绸之路古航道的繁盛。适逢2018年澳门博物馆馆庆20周年，澳门博物馆特与广东海上丝绸之路博物馆合办专题展览：“深蓝瑰宝——‘南海Ⅰ号’水下考古文物大展”，让澳门观众透过一众出水文物，加深对“南海Ⅰ号”和海上丝绸之路的认识。

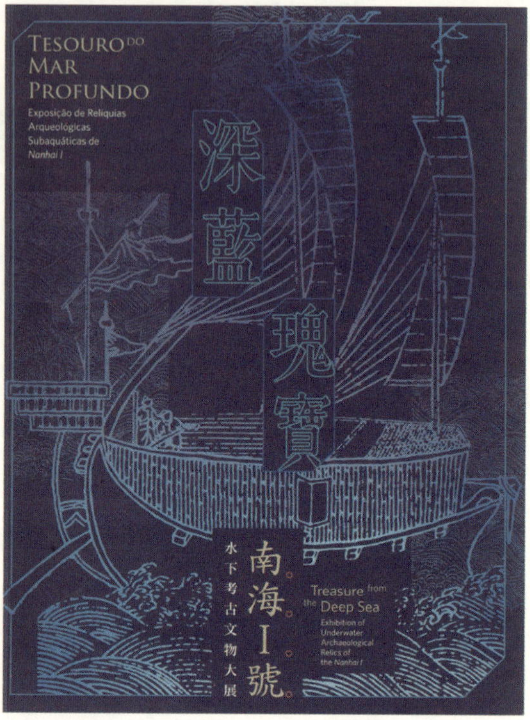

“深蓝瑰宝——‘南海Ⅰ号’水下考古文物大展”图录封面

澳门博物馆方介绍，2018年4月19日开展以来至7月15日已有约8万人次进场，此次展览主题对于澳门市民来说比较新鲜，市民反响热烈，引起广泛讨论，当地媒体竞相报道。

展览分为五个展示区，分别是“水下奇迹——宋代商船南海Ⅰ号”“瑰宝若现——船只打捞工程及保护工作”“瓷器西去——水下考古出水瓷器”“沉舟魅影——‘南海Ⅰ号’船员的人生百态”“海上丝路——海上贸易的始端”，共展出99件（套）文物。[②]

①司徒尚纪，许桂灵．中国海上丝绸之路的历史演变［J］．热带地理，2015，35（5）：628-636.

②澳门特别行政区文化局．澳门博物馆“深蓝瑰宝——南海Ⅰ号水下考古文物大展”开幕［EB/OL］.(2018-04-19). https://www.icm.gov.mo/gb/news/detail/16241.

展出的文物类型包括：五大窑口的典型器物，有德化窑白釉执壶、景德镇窑青白釉婴戏纹碗、磁灶窑酱釉小口瓶、龙泉窑青釉划花碗、闽清义窑青釉碗等；金属器，有金戒指、金环、铜镜、铁钉、铜钱、锡碗、朱砂；生活用品，有玉雕罗汉、歙石砚台、试金石、石具、锡珠等。

澳门博物馆策划的本次展览有很多新鲜玩意，如乐高“华天龙号”打捞船模型、乐高“南海Ⅰ号”福船模型、大炮台陈列室设置的“密室逃脱”游戏、亲子活动“乐高模型船工作坊”、出水文物保护专题讲座以及问答抽奖活动，奖品是前往阳江参加“探索‘南海Ⅰ号’之旅”交流活动。另外，展厅还有多媒体投影、体感游戏等，展览内容丰富且有立体感。①

澳门博物馆期望本次展览能引发观众认识水下考古，体验水下考古及文物保护，加深对宋代外海贸易的认识；“探索‘南海Ⅰ号’之旅”活动带领市民前往广东海丝馆，期望能让观众亲临现场，亲身见证考古工作的伟大及重要性。

本次展览响应“一带一路”倡议，弘扬中华文化自信，促进粤澳两地文化交流。广东海丝馆希望通过本次展览，抛砖引玉；同时发挥文物桥梁纽带作用，吸引澳门市民亲自到广东海丝馆参观交流，促进两地友好往来、艺术互通、文化共鉴。

①深圳讲座展览活动．澳门博物馆“深蓝瑰宝——南海Ⅰ号水下考古文物大展”［EB/OL］．（2018-06-20）．http://www.sohu.com/a/236761935_718127.

曾超群馆长出席知识创新服务业发展战略高峰论坛

何绪军

2019年1月10—12日，知识创新服务业发展战略高峰论坛在广东省珠海市国际会展中心举办，广东海丝馆曾超群馆长应邀出席论坛，并在新时代文物保护与利用学术分论坛做主旨演讲。

此次论坛是由中国知网与中国博协等20多个学会、协会和科研机构联合，分行业举办的关于数字出版、知识管理、知识服务、信息化的，有1800多人参加的教育研讨会。大会旨在深入探讨在“创新驱动发展”这一

论坛开幕式现场

整体、长远战略指引下，以及在学科之间、科学和技术之间、技术之间、自然科学和人文社会科学之间日益呈现交叉融合的趋势下，知识创新服务业作为一种新型现代服务业的使命、价值、发展方向、运行方式与规律等问题。

在1月11日上午的新时代文物保护与利用学术分论坛上，广东海丝馆曾超群馆长与来自复旦大学文物与博物馆学系的陆建松主任、广东省博物馆的魏峻馆长、中国国家博物馆黄琛研究馆员、同方知网技术有限公司旅游文博分公司李春蓉总经理等，就文物修复与保护新技术、文博机构社会教育模式的创新、增强文博机构的公共服务能力、创建“超级链接的博物馆”等主题进行了经验分享和探讨。曾超群馆长做了题为“浅谈博物馆智慧旅游技术的应用——以广东海上丝绸之路博物馆为例”的主旨演讲，从“运用智能技术，提升展陈水平”“运用智能技术，提升管理效能”“运用智能技术，创新营销方式”“多措并举，成效显著”四个方面对广东海

曾超群馆长在分论坛上做演讲

丝馆的智慧旅游技术应用与成效情况进行了较为详细的论述。

本次大会会议各方就创新等诸多问题进行了深入探讨，文博行业各成员也就本单位在新时代的文物保护与利用问题进行了密切沟通和交流，为以后智慧博物馆建设乃至服务业知识创新发展注入了新的动力。

五大措施力促广东海上丝绸之路博物馆游客量增加四成

龙志坤　温苇苇

2017年以来，广东海丝馆通过不断提升“南海Ⅰ号”知名度、升级展厅的陈列展览、开展形式多样的社会教育活动、推出文创产品、加强旅游推介五大措施，实现了游客人数的新突破。据统计数据，2018年1—6月广东海丝馆旅游人数比2016年上半年（2017年闭馆升级改造）增加40%，旅游收入增加41%，取得了良好的社会效益及经济效益。

改造后的广东海丝馆展厅游客络绎不绝

措施一：加强“南海Ⅰ号”文化品牌建设——进一步提升景区“海丝文化”知名度

一是积极推动“南海Ⅰ号”的保护发掘工作。实施“南海Ⅰ号”保护环境改造工程，改善文物保护环境和考古发掘工作环境，实现了全年无间歇的考古发掘，加速了“南海Ⅰ号”保护发掘工作的开展。

二是协助考古队整理出版前期考古发掘报告和文物保护成果。共出版了《南海Ⅰ号沉船考古发掘报告之一——1989—2004年调查》《南海Ⅰ号沉船考古发掘报告之二——2014—2015年发掘（上）、（下）》《南海Ⅰ号沉船发掘现场保护研究（2014—2016）》等专业读物，使“南海Ⅰ号”的学术研究迈上了一个新的台阶。

三是策划“南海Ⅰ号”发现30周年系列活动。开展“南海Ⅰ号”发现30周年亲历者纪实采访拍摄，联合国家文物局水下文化遗产保护中心、广东省文物考古研究所举办“南海Ⅰ号”发现与研究学术研讨会等系列活动并启动“南海Ⅰ号”历史资料收集工作，彰显了“南海Ⅰ号”在我国水下文化遗产保护事业中的里程碑意义。

四是推出有影响力的对外展览。与湖南省博物馆合作举办“在最遥远的地方寻找故乡——13—16世纪中国与意大利的跨文化交流”展览；与澳门博物馆合作，推出“深蓝瑰宝——‘南海Ⅰ号’水下考古文物大展”展览；与香港海事博物馆、广东省博物馆合作策划“东西汇流——13至17世纪的海上丝绸之路”展览。2022年，“南海Ⅰ号”的300件文物还会赴英国博物馆进行展出，极大地提升了“南海Ⅰ号”的社会知名度。

措施二：提升“南海Ⅰ号”陈展水平——进一步增强展览的视觉冲击

通过实施陈列展示升级工程，广东海丝馆以更加开放的面貌进入公众视野。基本陈列“丝路船说——‘南海Ⅰ号’的前世今生”展览，面积达1.2万平方米，展线长达1500米。展览紧紧围绕“南海Ⅰ号”主题，展现其被发现、水下发掘探摸、整体打捞、保护发掘等历程。在扬帆、沉没、探秘、出水、价值、遗珍、成果七个展区，展出了各类陶瓷、金器、银器、漆器等各种材质文物2000多件，突出反映了“南海Ⅰ号”发掘项目在中国水下考古发掘项目中的里程碑意义。同时把“南海Ⅰ号”的考古发掘现场展示融入展线中，为观众提供了多角度、全方位了解考古发掘的平台，进一步拉近了考古工作与公众的距离。此外，展厅内设置了多媒体导览机、儿童游戏机、留言触控机、裸眼3D演播厅等，利用新媒体技术和数字化手段，增强了观众的互动体验，提升历史文化的传播效果。

措施三：创新传播方式方法——推出一系列具有影响力的社会教育活动

广东海丝馆秉承开展社会教育活动的办馆宗旨，通过海丝文化知识讲堂、泥塑创意活动、船模拼图、“南海Ⅰ号”出水陶瓷器修复展示等形式，积极打造中小学生的第二课堂。同时，积极推出“南海Ⅰ号”进学校、进乡村等形式多样的活动，到阳江职业技术学院和广东海丝馆帮扶的扶贫村——马尾村开展宣讲，举办展览，传播海丝文化。结合2018年“5·18”博物馆日活动的主题“超级链接的博物馆：新方法、新公众”，推出网络直播，把广东海丝馆基本陈列和“南海Ⅰ号”发掘现场连接到互联网，连接到广东“5·18”国际博物馆日活动主会场——河源市博物馆，让广大网民和参加主会场活动的观众都能感受到海丝文化和“南海Ⅰ号”考古发掘的精彩现场。利用“文化和自然遗产日”的活动主题

“5 · 18”国际博物馆日网络直播

“文化遗产的传播与传承”，广东海丝馆组织文物保护工作者在展厅现场进行“南海Ⅰ号”出水陶瓷器修复展示活动，观众可近距离观看出水文物保护修复的全过程。

文物修复工作者进行“南海Ⅰ号”出水陶瓷器修复展示

“南海I号”文创产品展销区

措施四：大力开发文创产品——丰富旅游产品的供给形式

广东海丝馆与多家文化创意经营单位合作，提取“南海Ⅰ号”珍品文物元素，结合我国传统文化理念开发出了一系列造型精美、独特而又富有时代精神的文创产品，为参观博物馆的广大游客提供了可带回家的文化产品。2018年，广东海丝馆携带了12件文创产品参加了2018年中国博物馆协会航海博物馆专业委员会武汉年会进行展览推介，以“南海Ⅰ号”出水文物为设计元素的福寿双全瓶、常满罐和佳偶天成茶具等亮相展会，备受好评。广东海丝馆现已开设“南海Ⅰ号”淘宝店和微店，进行线上线下同步销售，共有9大类85种文化创意产品。文创产品围绕馆藏深入挖掘历史文化，其类型丰富、设计别致，为景区文化建设带来了新动力，使文物“活起来”且更亲民，并成为博物馆艺术展示的一部分。

措施五：大力拓展客源——参与并组织多途径的旅游宣传推介会

1. 积极到各地开展旅游推介活动

广东海丝馆利用“政府搭台、企业参与”的旅游宣传平台，到全国各地开展旅游宣传推广工作。2018年上半年参加了珠海、中山、江门、阳江等地的旅游推介会。从参观游客的客源地来看，来自珠三角、广西、重庆、贵州、云南等地的自驾游游客越来越多，而这些地方正是近年来进行旅游推广的重点区域。

2. 用活传统媒体与新媒体，打造宣传工作新格局

广东海丝馆与阳江日报社合作，在两广九市报业联盟平台专栏登载与“南海Ⅰ号”相关的报道；与阳江广播电视台合作，在春节期间推出主题宣传广告；利用微信公众号宣传和报道海丝馆的热点新闻，现公众号的粉丝已过两万。

3. 利用户外广告进行宣传推介

及时推送博物馆举办的各类展览，进一步吸引景区游客进馆参观。据统计，广东海丝馆2018年1—6月进馆人数超过12万人，比2016年上半年（2017年闭馆改造）进馆人数的8.57万人增长了40%。

广东海丝馆将继续秉承“创新、协调、绿色、开放、共享”五大发展理念，围绕“以海兴市、绿色发展”这一重大部署，继续推进“在科学保护‘南海Ⅰ号’中加快与旅游产业的高度融合，实现文化遗产的传承和可持续发展”的核心目标，使广东海丝馆的建设迈上一个新的台阶。

开启“南海Ⅰ号”VR科技探秘之旅

陈燕娜

为改善游客游览体验，扩充展示空间，提升展示效果，广东海丝馆综合运用虚拟现实、体感互动融合投影、三维展示技术，建设数字化展厅，启动了“南海Ⅰ号”VR科技探秘之旅项目。

“南海Ⅰ号”VR科技探秘之旅项目是广东海丝馆综合运用VR影片、互动投影、三维技术等虚实结合的手段建设的“南海Ⅰ号”数字化信息展示项目。该项目共有四个部分：海上丝绸之路历史主题互动航海墙、“南海Ⅰ号”三维文物展示、“南海Ⅰ号”VR体验传奇、海底世界VR体验。观众可在一个文化信息足、技术含量高、交互手段丰富的数字化科技空间里，身临其境地获得古代海上丝绸之路以及“南海Ⅰ号”的故事、馆藏精华的数字体验。

一、重走海上丝路：完美再现海上丝绸之路的发展历史——海上丝绸之路历史主题互动航海墙

汉代，“海上丝绸之路”首次被详细地记载在史料中；2013年，习近平总书记提出共建“丝绸之路经济带”和“21世纪海上丝绸之路”（“一带一路”）的重大倡议。历经千年，海上丝绸之路不断变化发展，在AR互动技术的数字化呈现下，观众可以领略不同时期海上丝绸之路的路线，了解有关的历史知识。

互动航海墙

运用体感捕捉加融合投影技术设计的海上丝绸之路历史主题“互动航海墙”有以下功能：当游客用手触碰相应海港、航海线起终点时，相应的航线会亮起、闪动，并配以航线内容的详细介绍。内容包括17个交互点，涵盖不同时期的海上丝绸之路线路，经过的重要港口、海峡，以及时代政治、经济、社会等历史因素对海上丝绸之路的影响。

二、触摸历史气息：触摸“南海Ⅰ号”沉船出水的文物——“南海Ⅰ号”三维文物展示

“南海Ⅰ号”沉船遗址发掘出水文物总数超18万件，包括陶瓷器、金银器、铜铁器、漆木器等，它们蕴含着极为丰富的历史信息。数字多宝阁通过三维重建技术，数字化呈现馆藏出水珍宝，观众可与之互动。数字多宝阁包含每个展品的介绍，游客用指尖与展品互动的同时，可让展品的故事映入眼中。

三、梦回“南海Ⅰ号”：亲历“南海Ⅰ号”的故事——“南海Ⅰ号”VR体验传奇

观众戴上虚拟现实头盔，仿佛回到南宋，穿越不同的时间、地理纬度，亲历“南海Ⅰ号”出发、航行乃至沉没海底时发生的故事，感受身临其境的参观体验。

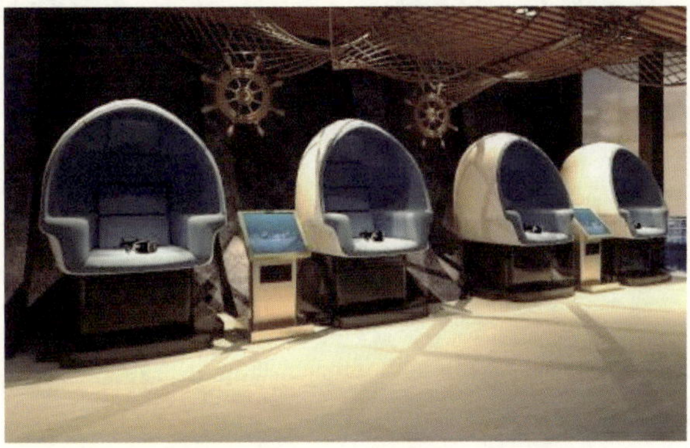

“南海Ⅰ号”VR体验区

四、深潜海底现场：探索神秘的海底世界——海底世界VR体验

在缤纷多彩的海底世界，有着千姿百态的海洋动植物。通过VR体验场景，观众仿佛深潜到海底深处，探索神秘的海底世界。

VR手柄有照明功能，体验者利用这个光源自由探索周边环境，可以看到礁石中发光的鱼、水母和爬行的海蟹，体验者做出的动作都会有场景的反馈，仿如置身其中。

“南海Ⅰ号”VR科技探秘之旅项目已于2019年元旦开放给观众体验。

海底世界VR体验区

走进广东海上丝绸之路博物馆 开启“南海Ⅰ号”奇妙之旅

李 剑

2018年12月15日，阳光明媚，广东海丝馆研学系列活动之“‘南海Ⅰ号’奇妙之旅”迎来了阳江职业技术学院附属学校小学二年级的孩子和他们的爸爸妈妈。

“南海Ⅰ号”奇妙之旅研学活动

一、参观展览

讲解员带领孩子们参观博物馆主展厅，并给他们讲述“南海Ⅰ号”前世今生的故事，体验“南海Ⅰ号”出帆远航、搏击风浪和货通万国的情景，感受古代海上丝绸之路恢宏灿烂的历史。

孩子们认真地听讲解员讲述“南海Ⅰ号”的故事

二、探寻考古发掘

在发掘展区，孩子们参观考古发掘现场。工作人员以考古工具、配图介绍考古发掘工作流程，孩子们亲手使用考古工具，还饶有兴趣地向工作人员提出各种关于考古发掘的问题。

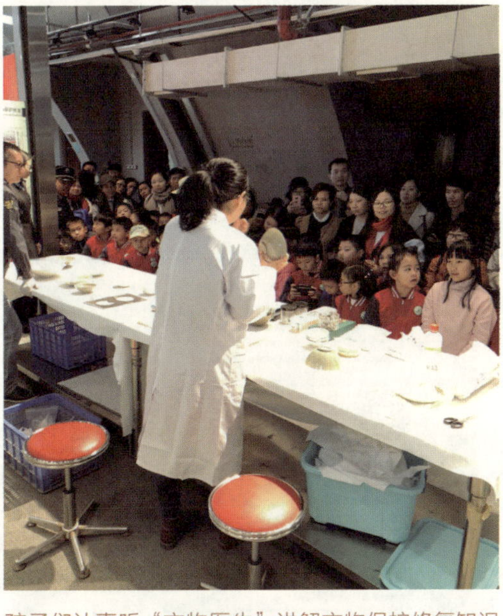

孩子们认真听“文物医生”讲解文物保护修复知识

三、神秘的文物修复

在文物修复展示区，孩子们仔细地观看一件破损的瓷碗是如何在专业的“文物医生”手上被修复的，零距离感受宋代的瓷器经过八百年的海水浸泡仍然保持光亮如新，它的胎、釉、纹饰依旧精致。

四、亲子活动

通过参观展览了解了瓷器精美的纹饰后，孩子们也发挥他们的想象力和创造力，在仿制瓷器上设计花纹，和爸爸妈妈一起创作完成独有的瓷器作品，完成后还把自己的小作品带回家呢！

孩子们的作品

通过讲解员的讲解，孩子们在参观后还和爸爸妈妈一起完成了《南海Ⅰ号奇妙之旅》教育小册子，通过玩游戏学习到了“南海Ⅰ号”的历史文化和水下考古知识。

《南海Ⅰ号奇妙之旅》教育小册子

最后，当然少不了孩子们最喜欢的游戏体验环节。孩子们穿上宋代服饰，“穿越”到宋代繁忙的丝路港口，体验船员将货物装船的情景，在培养组织协作的团队精神的同时，增强了班级的凝聚力。游戏结束后，每个孩子还获得了广东海丝馆赠送的精美小礼品。

通过参观学习、玩游戏，孩子们、家长们都受益匪浅，不仅了解了悠久的海上丝绸之路历史文化，了解了神秘的文物修复和保护工作，也感受到了“南海Ⅰ号”整体打捞和水下考古等人类工程的伟大恢宏。

孩子们一同走出校门，和爸爸妈妈一起走进博物馆，走进“南海Ⅰ号”，感受海上丝绸之路文化历史，通过学游相济的方式，开阔了视野、增长了知识，同时也带走了美好的回忆。

穿越千年，做一回宋朝小船员

海丝馆里过大年

——2019年春节期间广东海上丝绸之路博物馆观众量再创历史新高

郭亨文　龙志坤

随着“一带一路”倡议的深入实施，海丝文化旅游业已成为民众节假日出行的新亮点、新风尚。2019年春节，广东海丝馆不打烊，在“南海Ⅰ号”的新家“水晶宫”为广大观众呈上“新春文化大礼包”，让观众在博物馆里过大年，踏上神奇的海丝探秘之旅，在浓浓年味中体验海丝文化！

春节期间到广东海丝馆参观的观众

春节期间（初一到初八），到广东海丝馆参观的观众呈现自助游、家庭亲子游多的节庆特点。从客源地来看，有来自四川、重庆、湖南、广西等地的，也有省内珠三角等城市的自助游观众。据统计，春节期间广东海丝馆共接待观众34 778人次，比2018年同期增长26.87%，门票、文创等收入同比增长近三成，再创历史新高，特别是文创收入同比2018年增长近4倍。

来自重庆的勒先生说："大年三十，我就特意带着家人从重庆来到海陵岛度春节。选择在这边过年，除了向往海岛生活之外，其中很大一部分原因是岛上有'南海Ⅰ号'，能感受古代海上丝绸之路的辉煌历史。"

一、景区盛装迎新春，博物馆里过大年

为迎接2019年春节的到来，展现"南海Ⅰ号"景区的海丝文化活力，广东海丝馆结合阳江市创建全国文明城市的要求，以社会主义核心价值观、海丝文化为主题元素布置景区，安装了72个灯旗，投放了144个宣传海丝文化和社会主义核心价值观的广告，并在入口道路两旁、路灯上安装了100多个带有中国梦公益广告词的灯笼，既营造了浓厚的节日气氛，也

讲解服务中心盛装待客

游客有序排队入馆参观

传播了中华优秀传统文化，为广大游客营造一个欢乐吉祥的游览环境。

此外，为保证春节期间的正常营运，广东海丝馆全力以赴做好全方位的保障服务工作。一是保证服务人员到位。展馆领导、中层干部带班，一线部门到岗率不低于80%，并通过“展翅计划”招聘高校在校学生来馆参与志愿服务，以保证服务人员的供给。二是保证景区消防安全。春节前，邀请海陵消防大队为博物馆全体干部职工讲授博物馆消防安全知识，并对全馆进行了一次全面的消防安全隐患排查。三是加强对设施设备的巡查检查。为保证景区设施设备的有效运行，春节前，对全馆所有的设施设备进行了全面的检修。

二、打造“新春文化大礼包”，亮点纷呈

为更好地服务到博物馆里过大年的观众，广东海丝馆推出了携“护照”探秘集印章换礼品、开启VR/AR科技探秘之旅、“花‘猪’招展”亲子DIY体验等系列新春特别活动。

1. 携“护照”打卡换好礼

为了提高观众的观展体验，广东海丝馆专门制作了“观展护照”，观众带着这本“护照”畅游海丝馆，就能在打卡的过程中探索出更多古沉船秘密。观览全程共设置了七大专题展，VR/AR体验、文创、风情街等11个打卡盖章点，观众在观展时，集齐展区的盖章，可换取惊喜小礼品。

春节期间，展厅随处可见手持“护照”找寻打卡点的热情观众，不少还是全家老少一起打卡盖章。通过“护照打卡”，观众加深了对丝路文化的感受和认知，还令参观博物馆成为一件有趣的事情，特别是增强了小朋友的求知欲和观展积极性。

来自重庆的王先生说，带着小孩子以携“护照”打卡的方式参观，可以增加小朋友的兴趣，使他不会觉得枯燥，看展览时更认真仔细。

“南海Ⅰ号”博物馆护照

2. 科技提升参观体验

广东海丝馆推出的VR/AR科技探秘之旅项目，综合运用VR影片、互动投影、三维技术等虚实结合的手段，将“南海Ⅰ号”的历史文化以数字化信息展示，为广大游客提供了个性化增值服务。

来自广西柳州的一名小朋友说，他特别喜欢海底世界VR体验项目，觉得非常震撼，“眼前”的水母、海葵触手可及，他说：“我吓了一跳，好像在真实的海底世界。”

3. 把文化带回家

春节期间，广东海丝馆全场文创产品8折起销售。近年来，广东海丝馆大力推动“南海Ⅰ号”文物元素与不同品类的产品相融合，开发了8大类131种蕴含“南海Ⅰ号”文化元素的文创产品。其中福禄双全瓶、常满罐、佳偶天成茶具等充满“南海Ⅰ号”文物元素的文创产品，为参观博物馆的广大观众提供了可带回家的文化，成为广大游客争相购买的网红产品。

观众挑选文创产品

4. 年味亲子活动

为更好地宣传“南海Ⅰ号”历史、丰富孩子们的海丝文化知识以及中国传统艺术文化知识，春节期间，广东海丝馆举办了“花‘猪’招展”亲子DIY体验活动，通过“海丝路·聆花语”展览，历史文化背景小讲座以及亲子DIY贴纸活动，让青少年在感受海丝文化的奥妙中增长历史知识，寓教于乐。

精雕细刻的缠枝花卉纹饰、简约素雅的几何纹饰、惟妙惟肖的人物故事纹饰……“海丝路·聆花语”展览遴选了外销陶瓷器、黄金饰品、金属货币等200多件文物，设计了花草植物、几何、动物鸟兽、人物故事，以及“南海Ⅰ号”钱币、墨书和黄金饰品纹饰等主题，配上古色古香的灯饰，让灯罩上印的梅花、荷花等与“南海Ⅰ号”出水文物意象相符的花纹交相辉映，别具风情。春节期间，不少小朋友在这里聚精会神地贴画创作，表示要把自己创作的作品带回家，贴在墙上，希望全家在新的一年里“花‘猪’招展”。

三、媒体助力，让海丝文化叫好又叫座

在精心准备陈列展览、策划新春活动的基础上，广东海丝馆还做了大量的宣传推介工作。

春节前夕，通过央视《国家宝藏》和广东省电视台《宝览南粤》等节目，介绍“南海Ⅰ号”在我国水下考古发展中的里程碑意义，以及透过“南海Ⅰ号”展现的我国古代海上贸易的辉煌盛世，在社会中引起巨大反响。通过阳江日报社“三省十一市”专栏对新春主题活动的推介、市区电视机顶盒的开机广告，针对性地向阳江及周边的城市传递景区的精彩，吸引更多的市民参观博物馆。

阳江市高速发展的交通路网，为广大游客的游玩提供了极大的方便。广东海丝馆在梁金山服务区、阳江高速出口、海陵岛南海一号大道等交通

要点投放的大幅广告，加强了“南海Ⅰ号”的宣传效应。

此外，广东海丝馆还充分利用大数据平台，精准推送宣传广告。通过创新掌上“互联网+博物馆”的推广方式，一方面在春节期间坚持利用微信订阅号推介海丝馆热点新闻和海丝钩沉、漠阳怀古等学术研究文章；另一方面利用互联网大数据智能分析，找准目标受众，在微信朋友圈精准推送新春活动信息，不断吸引公众走进博物馆，获得了良好的效果。

五、服务游客，景区建设不停顿

春节期间，广东海丝馆景区取得了良好的社会效益。为更好地促进海丝文化的传播和传承，海丝馆人以服务游客为办馆宗旨，进一步改善旅游环境。

一是加快景区整体规划，形成海丝文化产业带。以推进广东省水下文化遗产保护中心的建设为契机，尽快推出景区的修建性详细规划。

二是加快申遗附属工程项目的建设，进一步改善景区参观环境。利用博物馆一、二号拱底，通过实施“南海Ⅰ号”申遗保护展示工程附属项目建设，打造海上丝路风情街，延伸海丝文化的宣传，改善景区游览环境。